아동과 청소년을 위한

인지행동치료

자아존중감 및 자아탄력성 향상 프로젝트

Laurie Seiler 저 | 김정민 역

Cool Connections with
Cognitive Behavioural Therapy

학지사

역자 서문

수십 년간 인지행동치료(CBT)는 다양한 장애 유형에 대한 객관적인 치료 효과를 입증하는 많은 연구 결과가 축적되면서 미국 내 가장 빈번하게 사용되는 영향력 있는 심리치료 접근으로 자리 잡았다. 이러한 CBT의 확장은 성인뿐 아니라 아동과 청소년을 아우르는 전 연령층이 그 대상에 포함되는 결과를 가져왔다.

이 책은 아동과 청소년을 대상으로 하는 대표적인 CBT 프로그램 중 하나로 자아존중감 및 자아탄력성의 향상을 위한 체계적인 CBT 프로토콜을 제시하고 있다. 이 책의 쿨-커넥션 프로그램은 아동 혹은 청소년 개인이나 집단을 대상으로 모두 시행할 수 있다. 또한 쿨-커넥션은 불안이나 우울 등의 심리적 문제를 가진 아동이나 청소년의 치료를 위해 혹은 일반 아동이나 청소년의 성장을 위해 시행할 수 있다. 실제로 쿨-커넥션은 현재 미국의 많은 아동과 청소년을 대상으로 임상심리전문가, 상담심리전문가, 학교상담자, 사회복지사 등 다양한 정신건강 관련 전문가에 의해 병원, 임상클리닉과 학교 현장에서 가장 활발하게 사용되고 있으며, 훌륭한 성과들이 보고되고 있다. 또한 이 책이 한국에서도 아동과 청소년 대상 CBT의 활성화에 기여할 수 있기를 기대한다.

2016년 6월

김정민

저자 서문

먼저 이 책의 저자 소개와 더불어 쿨–커넥션 프로그램의 개발 과정에 대해 간략히 말하고자 한다. 나는 1997년 브루넬 대학교의 정신과 간호사 자격을 취득했으며, 이후 전문 치료 과정(specialist practice, BSc), 아동 · 청소년 정신건강학(child and adolescent mental health studies, BA) 및 인지행동치료(CBT) 석사 과정을 거쳤다. 현재 공인 인지행동치료사로 등록되어 있으며, 영국 인지행동치료학회(British Association for Behavioural and Cognitive Psychotherapies)의 회원으로 활동하고 있다.

쿨–커넥션 프로그램은 9~14세 아동을 대상으로 하는 10회기 조기 개입 프로그램이다. 이 프로그램은 인지행동적 접근에 기초하여 아동과 청소년의 불안과 우울을 예방하는 데 초점을 두고 있다. 이 책은 프로그램 진행 방식을 설명하는 집단 리더 가이드, 내담자 자기 의뢰 양식(referral forms), 과제 활동 등을 포함하고 있다. 10회의 회기는 이론, 게임 및 재미있는 다양한 활동으로 구성되어 있으며, 특히 아동이 이해하기 쉽도록 많은 그림을 제시하였다.

아동과 청소년을 대상으로 한 집단 치료 프로그램 개발에 대한 나의 관심은 서픽 지역의 아동/가족들과 함께 일하면서 시작되었다. 기존의 아동 대상 프로그램들은 어린 아동보다는 청소년을 대상으로 한 것들이 거의 대부분이며, 또한 조기 개입보다 심각한 정신건강의 문제를 갖고 있는 경우를 위해 개발된 것들이었다. 이 중 불안장애 아동을 위한 미국의 집단 프로그램 'Coping Cat'과 호주의 'Friends' 프로그램은 특히 흥미로운 것들이다. 쿨–커넥션 프로그램은 CBT 이론과 기존의 집단 치료 활동을 기반으로 설계되었으며, 예비연구를 통한 여러 가지 시행착오 및 프로그램에 참여한 아동들의 평가를 거쳐 개발되었다.

감사의 말

지난 수년간 나의 CBT 슈퍼바이저이자, 프로그램 개발에 대한 자문을 주신 Nicola Ridgeway 박사님께 감사를 드립니다. 또한 IT 관련 정보 및 컴퓨터 기술에 관해 도움을 준 나의 친구 Ashley Berber에게 고마움을 표합니다. 마지막으로 프로그램 구성에 도움을 준 서픽 지역의 'On Track' 팀원들과 프로그램에 대한 유익한 피드백을 제공해 준 아동들에게도 감사의 말을 전하고 싶습니다.

차 례

● 역자 서문 _ 3
● 저자 서문 _ 5
● 감사의 말 _ 7

쿨-커넥션 프로그램 집단 리더 가이드 _ 17
인지행동치료(CBT) _ 27
도움이 되는 링크 및 참고문헌 _ 31
사전 집단 프로그램 자료 _ 33

SESSION 1: 서로에 대해 알아가기 · 43

친구들 만나기 _ 47
모두 바꾸기 게임 _ 49
비밀 보장 _ 50
집단 규칙 _ 51
나는 누구일까요 _ 52
걱 정 _ 55
자신에 대해 평가하기 _ 57
아, 열 받아 _ 58
과제 1a: 나의 가족 _ 60
과제 1b: 꿈과 희망 _ 61

SESSION 2: 다양한 감정 알아보기 · 63

감정 도가니 _ 67

감정이란 무엇일까요 _ 68

감정의 이름 _ 70

다양한 감정 _ 71

감정 맞히기 게임 _ 72

쿨–커넥션 만들기 _ 73

과제 2a: 기분이 어때요 _ 75

과제 2b: 활동/감정 기록하기 _ 76

SESSION 3: 신체 반응과 생리 작용 · 79

긴장 · 이완 게임 _ 83

신체 반응의 중요성 _ 84

신체 반응의 유형 _ 86

나만의 신체 반응 _ 87

여러분의 신체는 어떻게 반응했나요 _ 88

나만의 경보 _ 89

침착해 그리고 진정해 _ 91

실험 3.1 _ 95

실험 3.2 _ 96

과제 3: 신체 관찰 _ 98

SESSION 4: 생각 분별하기 · 99

생각 속삭이기 게임 _ 103

생각이란 _ 104

생각 풍선 채우기 _ 106

다양한 생각 _ 107

생각-기분 연결 _ 108

생각 찾기의 예시 _ 109

생각 찾기 _ 110

과제 4: 생각 찾기 _ 111

SESSION 5: 생각, 감정, 신체 반응 및 행동 간의 관계 · 113

후프 놀이 _ 116

젠에서 온 조그 _ 117

우리의 행동 _ 120

다양한 관계 _ 121

쿨-커넥션의 예시 _ 123

나의 쿨-커넥션 _ 124

쿨-커넥션 게임 _ 126

과제 5a: 스피드 퀴즈 _ 128

과제 5b: 쿨-커넥션 _ 129

SESSION 6: 생각의 유형 · 131

매듭 만들기 _ 135

아름다운 할머니 _ 136

너는 낙천주의자니 _ 137

우울한 생각 _ 138

하향 굴착기 _ 139

나의 하향 굴착기 _ 141

도움의 손길 _ 142

현명한 걱정꾼 _ 143

과제 6: 엿듣기 _ 145

SESSION 7: 생각 탐색 · 147

생각-감정 연결 _ 151

신호등 생각 _ 152

빨간 신호, 파란 신호 _ 154

빨간색, 노란색, 파란색 _ 155

빨간 신호 생각 바꾸기 _ 156

신호등 생각 대회 _ 157

예시: 빨간 신호 생각에 도전하기 _ 158

빨간 신호 생각에 도전하기 _ 159

과제 7a: 생각 퀴즈 _ 160

과제 7b: 빨간 신호 생각에 도전하기 _ 161

SESSION 8: 목표 설정하기 · 163

범인 미스터리 _ 166

IT 해결책 _ 167

종잡을 수 없는 말 _ 168

훌라훌라 _ 170

과제 8a: 슈퍼스타 _ 172

과제 8b: 목표 설정 _ 173

SESSION 9: 두려움 사이클과 안전 추구 행동 · 175

늪지 괴물 _ 178

사람은 다 달라 _ 179

당황하지 않기 _ 181

안전 제일 _ 183

나의 안전 추구 행동 _ 186

과제 9a: 숨은 걱정들 _ 187

과제 9b: 난 뭘 해야 하지 _ 188

SESSION 10: 두려움에 직면하기 · 189

하나, 둘, 나는 신발 끈을 묶을 수 있어 _ 192

두려움을 느껴라 _ 193

두려움 나누기 _ 194

한 걸음 한 걸음 _ 196

나의 단계별 계획 _ 197

과제 10a: 상상하고, 상상하고, 상상하자 _ 198

과제 10b: 두려움을 직면하는 방법 _ 199

평가 · 201

자신에 대해 재평가하기 _ 203

쿨-커넥션 프로그램 평가 _ 204

쿨-커넥션 프로그램 집단 리더 가이드

쿨-커넥션(Cool-Connection)은 9~14세 아동들을 대상으로 하는 10회기 조기 개입 프로그램이다. 이 프로그램은 인지행동적 접근에 기초하여 아동과 청소년의 자존감, 사회적 기술 및 안녕감을 높이고 불안과 우울을 예방하는 것을 목표로 한다.

집단 리더

이 프로그램은 건강관리 전문가, 심리학자, 교사, 사회복지사 및 청소년 상담자와 같은 아동 관련 전문가들을 위해 쓰였다. 비전문가의 경우에도 프로그램을 진행하는 것이 가능하나 최소 2주에 한 번은 집단에 관해 슈퍼바이저의 지도를 받아야 한다. 슈퍼바이저는 아동을 다뤄 본 경험이 있어야 하며, 비밀 보장, 아동의 보호 및 복지 문제에 관한 지식을 갖춘 전문가여야 한다. 집단 프로그램 진행자에게 심리치료나 CBT 훈련의 경험이 유용하기는 하나 필수적인 것은 아니다. 마찬가지로 집단 프로그램 진행 경험과 아동을 대상으로 하는 치료에 대한 이해를 가지고 있다면 도움이 될 수 있으나 반드시 필요한 것은 아니다. 쿨-커넥션 프로그램을 진행하는 많은 전문가는 이 프로그램 자료를 개인의 스타일과 이론에 맞추어 사용할 수 있을 것이다.

프로그램의 진행을 두 명의 리더가 하게 된다면 많은 도움이 될 것이다. 예를 들어, 전문가와 학교의 보조교사가 같이 진행을 하게 된다면 집단원은 집단 외에도 학교에서 또래와 지지적인 관계를 형성하거나 교사들과 긍정적인 의사소통 관계를 가질 수 있을 것이다.

프로그램의 목적

이 프로그램의 목적은 다음과 같다.

- 힘들고 불안한 상황을 효과적으로 대처할 수 있는 생활 기술을 개발하는 데 도움을 준다.
- 불안한 감정 상태를 정상화한다.
- 정서적 회복력 및 문제 해결 능력을 향상시킨다.
- 또래 학습을 촉진하고, 또래 지원망을 형성한다.
- 힘들고 불안한 상황에 대처하는 데 필요한 자신감을 향상시킨다.
- 아동과 청소년의 불안감과 우울증을 예방한다.
- 다른 아동들과 함께 어울리면서 재미있고 긍정적인 경험을 갖게 해 준다.

프로그램의 효과에 대한 증거

쿨-커넥션 프로그램은 지난 3년간 서펴에 위치한 여러 학교에서 성공적으로 진행되어 왔다. 다양한 연령대의 아동을 대상으로 한 방과 후 집단 프로그램과 다른 가족들과 함께 참여하는 부모-자녀 가족 집단 프로그램이 진행되었다. 150명 이상의 아동이 프로그램에 참여했고, 다른 많은 가족도 집단 프로그램에 참여했다. 부모, 교사 및 참가자들은 이 프로그램에 대해 긍정적인 피드백을 제공하였다. 프로그램 참가자들의 대처 기술 및 자존감의 수준은 크게 향상되었으며, 불안감·우울감 또한 크게 감소했다. 또한 참가자들은 프로그램이 재미있고 도움이 되었으며 유익했다고 보고하였다.

프로그램의 구조

프로그램이 제공하는 10회의 회기들은 재미있는 게임, 교육 자료, 치료 내용 및 전략들로 구성되어 있다. 참가자들은 글쓰기, 토론, 역할 놀이, 게임, 인형극, 미술 활동 등에 참여하게 된다. 참가자들은 모든 활동에서 창의성을 발휘하도록 격려받으며, 가능한 한 다른 참가자들과의 상호작용을 통해 다양한 경험을 나누면서 자신의 경험을 정상화하며 사회적 기술 및 자신감을 얻게 될 것이다.

첫 회기는 아동들이 서로에 대해 알고 리더와 친밀감을 형성하는 것을 목표로 한다. 2~5회기는 인지 모델을 기반으로 아동의 생각, 감정, 신체 신호 및 행동에 대한 인식을 증진시키는 데 도움을 준다. 6~10회기는 인지적 재구성, 문제 해결, 목표 설정, 문제에 대한 단계별 접근, 시각화 기술 등과 같은 불안·우울 증상에 대처하는 전략들을 지속적으로 전달한다.

프로그램의 각 회기는 인지행동치료(CBT) 회기와 동일한 구조를 갖는다.

- 목표 설정
- 과제 검토
- 새로운 활동을 포함한 회기 내용
- 과제 설정

쿨-커넥션 프로그램은 대개 짧은 시간 안에 많은 정보를 전달하는 방식으로 진행된다. 각 회기의 활동들은 일반적으로 단일 주제를 다양한 방법으로 제시한 것들이다. 그러므로 각 회기에 해당하는 모든 활동을 진행할 필요는 없다. 진행자는 회기별 개요에 제시되어 있는 '주제 및 회기 진행을 위한 팁'을 통해 중요한 활동이 무엇인지 알 수 있다. 필수적으로 진행되어야 할 활동은 * 표시가 되어 있다. 다른 활동의 진행 여부는 프로그램 리더의 시간 프레임과 집단의 필요에 따라 유연하게 조정될 수 있다. 또한 진행자는 제시된 회기별 활동 외에 자신이 준비한 자료를 추가적으로 활용할 수 있다. 프로그램 진행 방식은 개인의 스타일, 선호도 및 집단의 요구에 맞춰 구성할 수 있다.

인지행동치료의 지침을 따르는 가운데 진행자는 언제든지 아동·청소년과 함께 협력하는 것을 목표로 해야 한다. 문제 해결을 위해서는 과학적인 증거 기반의 접근 방식(evidence-based approach)을 권장한다.

모집

지금까지 프로그램에 참여한 아동들은 많은 경우 부모나 교사에게서 선별되었다. 그러나 참가자가 자발적으로 프로그램에 참여했을 때 최상의 결과를 얻을 수 있다. 이를 위해서 학생들에게 프로그램에 대한 정보를 적극적으로 알리고 참여하도록 초청을 하는 모임을 갖는 것을 권장한다. 관심이 있는 학생들에게는 이름과 지원 동기를 포함한 설문지를 작성하게 한다(1회기, 55~56쪽에 있는 '걱정' 활동의 설문과 유사함). 마지막으로 교사와 상의한 후 참가자를 선발한다. 흥미로운 사실은 이 프로그램에 자발적으로 참여한 아동들은 대부분이 교사가 '도움이 필요한 학생'으로 지명한 아동들이었다는 것이다. 아동의 자발적 참여를 격려하는 것은 동기부여 및 치료에 대한 순응도, 집단 내의 친밀한 관계를 크게 향상시킬 수 있다.

지금까지 프로그램이 실시된 한 집단의 인원수는 많게는 14명에서 적게는 4명 정도다. 경험에 따르면, 고학년의 경우 비슷한 연령으로 구성된 6~8명의 동성 집단이 가장 효율적이었으나, 더 어린 아동의 경우는 그렇지 않을 수 있다.

프로그램은 학교 수업 시간과 방과 후에 실시되었으며, 부모-아동 집단 또한 구성되었다. 부모-아동 집단의 경우 부모와 아동 모두 집단치료가 도움이 되었다고 보고했다.

환경

프로그램을 진행하기 위한 환경은 운영 시설에 따라 달라질 수 있다. 건강 전문가들은 책상 없이 원형으로 둘러앉는 것을 선호하는 반면, 교사들은 책상에 앉는 것을 선호할 수 있다. 넓고 조용하며 쾌적한 전경이 있는 환경은 학습에 큰 도움을 줄 수 있을 것이다. 그러나 이러한 환경은 많지 않으므로 진행자는 이용 가능한 자원으로 최적의 환경을 만들도록 노력해야 한다. 제한된 시설과 쾌적하지 않은 환경에서도 프로그램은 성공적으로 실시될 수 있다.

활용 자료

집단원은 워크북을 사용하게 된다. 우리는 프로그램 초기에 10회기 전체가 포함되어 있는 워크북을 제공하는 방법과 A4 용지 크기의 파일을 제공하고 해당 자료를 매주 회기별로 제공하는 방법을 비교해 보았다. 전체 내용이 나와 있는 워크북을 제공했을 때 워크북이 파손되거나 집단원이 해당 회기의 내용에 집중하는 대신 뒷부분의 내용을 미리 읽는 경우가 종종 있었다. 따라서 필요한 내용을 매주 제공하는 후자의 방식이 더 적절하며, 진행자가 필요시에 자료를 추가할 수 있다. 어떤 집단원은 집에서 수행한 과제를 파일에 추가하는 것을 좋아한다.

시간 계획

각 회기에 많은 시간을 할애할수록 집단원은 더 많은 혜택을 받게 된다. 그러나 많은 경우 학교나 기관에서 사용할 수 있는 시간은 제한될 수밖에 없다. 예를 들어, 학교는 일반적으로 한 시간 수업 제도를 사용하기 때문에 학교에서 실행되는 프로그램의 회기는 한 시간으로 제한되어 있다. 한 회기를 한 시간에 끝내는 것이 가능하기는 하지만, 짧은 휴식을 포함하여 한 시간 반을 할애하는 것이 더 바람직하다. 이는 지난 회기에 내준 과제를 검토하며, 모든 활동과 게임을 완료하고, 다음 주 과제에 대해 설명할 수 있는 충분한 시간이 필요하기 때문이다. 회기 시간이 충분할 경우 필요에 따라 비디오나 게임 등 추가적인 자료를 사용할 수 있는 장점이 있다. 회기의 서두를 보면 회기별 내용이 'Short Session'과 'Long Session'으로 구분되어 있다. 1시간 회기는 Short Session을, 1시간 30분 회기는 Long Session을 참고한다.

과제

인지행동치료 이론에 따라 집단 리더는 각 회기가 끝날 때마다 과제를 제공하며, 다음 회기 초반에 집단원과 함께 과제를 검토한다. 거의 모든 회기에서 두 종류의 과제 활동이 제시되는데, 진행자가 그중 하나를 임의로 선택하여 제시하거나, 집단원에게 둘 중 하나를 선택할 수 있게 한다. 열의가 높은 집단은 아마 둘 다 선택할 수도 있다. 학교 과제와 달리 프로그램 과제는 자발성이 중요하기 때문에 아동들이 원하는 경우에 수행하도록 하면 된다. 추가적인 과제 수행을 통해 더 많은 것을 얻을 수 있을 것이라는 설명이 도움이 될 수 있다. 몇몇 집단에서는 동기부여를 위해 과제를 잘 수행할 경우 진행자의 재량에 따라 작은 보상을 주기도 한다.

과제는 일반적으로 해당 회기의 활동과 연관되어 있다. 대부분의 과제는 흥미를 유발하는 동시에 생각, 감정, 신체 반응 및 행동(인지 모델) 간의 관계에 대한 참여자들의 이해를 돕는 데 목적을 두었다. 이러한 인지 모델에 대한 이해로부터 변화가 시작될 수 있다. 진행자의 재량에 따라 집단원은 수행한 과제 활동에 대한 피드백을 작성할 수 있다(38~39쪽 참조).

각 회기가 종료된 후에 집단의 리더들은 모임을 통해 아동 개개인과 전반적인 회기 흐름에 대해 돌아보는 시간을 갖는 것이 좋다.

집단에서의 어려움

집단 리더와 학교 또는 아동·청소년 정신건강 서비스 관련 기관은 아동으로 구성된 집단과 작업을 할 경우 발생할 수 있는 여러 어려움에 대한 대처 방안을 가지고 있어야 한다. 리더는 프로그램의 어떤 부분은 다른 부분보다 더 많은 전문적인 기술이 요구된다는 것을 알고 있어야 한다. 예를 들면, 특정 활동을 수행하는 과정에서 아동들은 쉽게 화가 날 수 있다. 만약 집단 내에서 이러한 문제가 다루어지지 않는다면, 아동들은 무기력과 불신감을 경험할 위험이 있다.

쿨-커넥션은 아동들이 불편한 감정에 대처할 수 있도록 도움을 주어 자유롭게 그들의 감정을 표현할 수 있도록 격려하는 데 목표를 두고 있다. 때때로 집단원은 활동 중에 부정적인 감정을 드러내거나 눈물을 흘릴 수도 있다. 이는 아동이 집단 환경을 안전한 곳으로 인식하고 있음을 의미하는 좋은 신호다. 이런 경우에 부정적인 감정을 인정해 주고 집단 내에서 공감을 해 주는 것은 매우 중요한 사안이다. 그러나 이러한 감정들을 풀어낼 수 있는 충분한 시간이 주어지지 않는 경우도 흔히 있을 수 있으며, 다른 조원에게 부정적인 영향을 미칠 가능성도 염두에 두어야 한다. 아동은 회기에 계속 참여할지의 여부를 결정할 수 있으며, 집단 밖에서 도움을 줄 수 있는 성인과 일대일로 대화를 계속할 수도 있다. 필요하다면 리더 중 한 명이 아동을 따라 나가 도움을 줄 수 있다. 경험에 따르면, 회기 초반에 한 주간의 일을 나누는 과정에서 아동들의 부정적인 감정들이 가장 많이 드러났다. 프로그램 진행 중 추가적인 도움이 요구될 수 있는 활동들은 다음을 포함한다. 쿨-커넥션 만들기(73쪽), 생각 찾기(110쪽), 우리의 행동(120쪽), 나의 쿨-커넥션(124쪽), 나의 하향 굴착기(141쪽), 빨간 신호 생각에 도전하기(159쪽), 안전 제일(183쪽)

비밀 보장

1회기에서 집단원은 비밀 보장에 대한 지시를 받는다. 만약 프로그램의 어떤 시점에서 집단원 혹은 집단원의 부모가 아동 자신 또는 타인의 안전과 관련된 문제를 제기하면(학대, 자해, 약물 복용 등), 집단 리더들은 주어진 정보를 기록하고 해당 아동을 위한 보호 절차를 따라야 한다. 집단원이 집단 안에서 안전하다고 느끼지 못한다면, 자신의 이야기를 공유하기 힘들 것이다. 집단원의 비밀은 프로그램이 진행되는 동안 반드시 보장되어야 한다. 비밀 보장이 위반되었을 때는 다음 회기에 집단 안에서 그 사항에 대해 공개적으로 이야기할 수 있다. 그럴 경우 적절한 순간에 당사자의 이름은 언급하지 않고 위반 사항에 대해 논의한다.

CBT의 기본 원칙들

인지행동치료(CBT)는 내담자의 문제를 확인하고 함께 이해하는 과정을 거친다. 이러한 이해 과정을 통해 치료자와 내담자가 함께 치료를 진행할 수 있게 된다. 집단원은 쿨-커넥션 프로그램에 참여하기에 앞서 포괄적인 인지 및 행동 평가를 받아야 하는데, 이는 참여자의 문제를 진단하는 데 필수적이기 때문이다. 결과적으로 이 프로그램은 '인지-행동적 접근 방법'을 기반으로 하고 있으나, 훈련된 치료사가 진행하는 인지행동치료(CBT)와 비교해서는 안 된다. 그러나 이 프로그램의 자료는 CBT와 연계되어 사용될 수 있으며, 아동을 대상으로 하는 치료자들의 유용한 자원으로 쓰일 수 있다.

CBT는 내담자로 하여금 다른 관점에서 사고하도록 하는 것을 강조한다. 치료사는 집단원의 생각과 감정에 대해 섣부른 판단을 해서는 안 된다. 경우에 따라 좀 더 효율적인 사고방식이 있을 수 있으나 이 프로그램에서 정답과 오답은 없다. 이 프로그램의 목표는 집단원의 생각, 감정, 신체적 반응 및 행동의 인식을 돕는 것이다. 이러한 인식을 통해 새로운 변화가 시작될 수 있다. 비록 양극적인 사고방식(흑백 논리)이 어린 아동들에게 나타나는 자연스러운 특성이기는 하나, 이 프로그램의 목적은 아동으로 하여금 자신과 타인에 대한 수용과 공감을 증진시킬 수 있도록 유연한 사고방식을 유도하여 불안과 스트레스를 감소시키는 데 있다.

쿨-커넥션 프로그램과 영국의 교육과정

영국의 쿨-커넥션 프로그램은 정부의 정책 'Every Child Matters(모든 아동은 소중하다)'와 밀접한 연관이 있다. 이 정책은 19세 이하의 모든 아동과 청소년의 정신적·육체적 건강을 도모한다. 영국 정부는 환경과 상관없이 모든 아동을 위하여 다음과 같은 다섯 가지 목표를 달성하기 위해 노력하고 있다.

- 건강한 생활을 한다.
- 안전한 생활을 한다.
- 즐겁고 성취감을 느끼는 생활을 한다.
- 긍정적인 결과를 가져오는 일에 기여한다.
- 경제적 안정을 달성한다.

쿨-커넥션 프로그램은 영국의 교육과정과 긴밀하게 연결되어 있다. 특히 Key Stage 2(7~11세)와 Key Stage 3(11~14세)의 PSHE(Personal · Social · Health Education, 개인 · 사회 · 건강 교육) 정책과 관련이 깊다. Key Stage 2의 목표와 관련된 사항들은 다음과 같다.

- 자신의 의견을 말과 글로 표현하고 개인과 사회에 영향을 미치는 문제들에 대해 자신의 관점을 설명한다.
- 자신 및 자신의 성취에 대해 긍정적으로 사고하고, 자신의 실수를 수정하며, 목표를 세우는 과정을 통해 개인으로서 자신의 가치를 인식한다.
- 새로운 도전에 직면했을 때 정보를 수집하고, 도움을 요청하며, 책임감 있는 선택과 행동을 이행함으로써 긍정적으로 대처한다.
- 자신의 행동이 자신과 타인에게 어떤 영향을 미치는지 알며, 타인의 감정을 존중하여 그의 관점에서 생각할 수 있다.
- 개인, 가족 및 집단이 어디서, 어떻게 도움을 받을 수 있는지를 배운다.
- 다른 사람의 경험을 이해하기 위해 영적 · 도덕적 · 사회적 및 문화적 주제들에 대해 상상력을

동원하여 사고할 수 있다.

- 대안을 찾고, 결정을 내리며, 그 결정에 대해 설명하는 과정을 통해 타인과의 갈등을 해소한다.
- 적절한 운동과 건강한 식습관의 긍정적인 효과 및 정신 건강에 영향을 미치는 요인들을 알아
  보고 건강한 생활 방식이 어떻게 만들어지는지 이해한다.
- 자신에 대해 긍정적으로 생각한다(예: 일기, 개인 프로필 또는 성취한 일에 대한 포트폴리오 작성하
  기, 자신이 무엇을 할 수 있는지 또는 얼마나 큰 책임을 질 수 있는지를 보여 줄 수 있는 기회 갖기).

Key Stage 3와 쿨-커넥션 프로그램이 공유하는 목표는 다음과 같다.

- 타인들이 자신을 어떻게 보는지 인식하고 도움이 되는 피드백과 칭찬을 주고받는다.
- 건강을 유지하는 방법을 이해한다.
- 타인과의 좋은 관계, 일, 운동, 여가 생활 사이의 적절한 균형이 신체와 정신 건강에 도움이 된
  다는 것을 안다.
- 자신과 전혀 다른 사람들을 공감하는 방법을 이해한다.
- 또래 및 성인들과 자신 있게 의사소통한다.

조기 개입과 예방 프로그램의 중요성

선행 연구에 따르면, 깊은 불안감으로 고통받던 아동은 성인이 되어서도 그렇지 않았던 아동
에 비해 더 큰 불안감을 느끼기 때문에 조기 개입은 매우 중요하다(Mattison, 1992). 불안 증세를 갖
고 있는 아동·청소년들을 위한 조기 개입 프로그램은 불안장애 아동·청소년의 수를 감소시키는
데 도움을 주고 있다. 또한 집단치료 접근 방법의 프로그램은 향후 전문인 치료의 비용을 줄이고
짧은 시간 안에 집단 참여자들의 목표를 달성토록 도와주는 역할을 하므로 비용 대비 매우 효과적
이다. 즉, 효과적인 조기 개입 프로그램은 개인과 그 가족에게 다가올 큰 고통을 예방하는 중요한
역할을 한다.

참고문헌

Mattison, R. E. (1992). 'Anxiety Disorders.' In S.R. Hooper, G.W. Hynd & R.E. Mattison (eds.), *Child Psychology: Diagnostic Criteria and Clinical Assessment*. Hillsdale, NJ: Lawrence Elbaum Associates.

인지행동치료(CBT)

쿨-커넥션 프로그램은 인지행동치료(Cognitive Behavioral Therapy: CBT)의 이론을 기반으로 한다. 이 절에서는 접근 방식의 이론과 원리를 간단하게 요약할 것이다. 만약 접근 방식에 대한 더 많은 정보를 얻고자 한다면 여기에 수록된 문헌들을 참고할 수 있다.

CBT는 1950년대에 등장한 새로운 심리치료의 방법으로 Pavlov와 Skinner(Salkovskis, 1996)의 이론에서 처음 비롯되었다. CBT 모델은 1960년대에 Beck이 연구한 우울증을 위한 인지치료에서 시작되었다. Beck에 의하면, 우울한 사람들은 왜곡된 사고방식을 갖기 쉬우며, 자신과 세상 혹은 타인에 대해 부정적인 시각을 가지고 있다(Tarrier, 2006). 1980년대에 이르러 인지치료사들은 부정확한 신념에 보다 효과적으로 대처하기 위해 행동치료사들과 힘을 합쳤다. 이러한 협력을 통해 CBT 접근의 기본 틀이 형성되었다.

근래 들어 CBT는 문제를 가진 개인과 특정 목표를 성취하고자 하는 치료자 사이의 협력에 중심을 둔 단기 구조 방식의 치료로 인식되고 있다. CBT는 해결되지 못한 과거의 문제와 연결 짓는 정신분석학적 심리치료와 달리 현재의 문제들을 해결하는 데 목적이 있는 증거 기반(과학적) 접근 방식을 고수한다. CBT는 현재의 문제가 무엇인지, 무엇이 문제를 발생시키는지 그리고 어떻게 증상을 완화시키는지에 초점을 두고 있다(Persons, 1989). CBT 치료자는 내담자가 자신의 문제와 관련된 생각, 감정 그리고 행동을 인식하는 작업을 돕는 역할을 한다. 또한 내담자는 다양한 방식의 사고를 탐색해 보고 자신의 신념에 관해 대안적 해석을 할 수 있도록 격려받는다. 이를 통해 내담자는 새로운 행동을 학습하며, 자신의 생각, 감정 및 행동을 보다 합리적인 방식으로 재해석하는 문제 해결 전략을 습득할 수 있다.

최근 아동과 청소년을 위한 CBT에 대한 관심이 증가하고 있다. 더불어 CBT가 아동의 심리적 문제를 치료하는 데 효과적인 프로그램이 될 수 있다고 결론 내리는 많은 연구 결과가 속속 보고되고 있다(Rapee et al., 2000). 아동을 대상으로 진행되는 CBT 또한 아동의 사고 및 사고 과정을 변화시켜 정서와 행동의 변화를 촉진시키는 것을 목표로 한다. Kendall과 Macdonald(1993)의 모델의 개념화에 따르면, 아동은 도움을 받아 자신의 왜곡된 사고 과정을 확인하고 수정할 수 있다. Friedberg와 McClure(2002)도 이러한 견해에 동의한다. 그들의 인지 모델에 따르면, 아동이 불안을 경험할 때 기능적으로 변화되는 다섯 가지 범주가 있는데 그것은 생리적 반응, 기분, 행동, 인지, 대인 관계다. 아동기 불안에 대한 치료는 아동에게 적응적인 대처 기술을 훈련시킴으로써 증상을 완화시키는 데 초점을 두고 있다(Friedberg & McClure, 2002).

NICE(National Institute for Clinical Excellence)에서 출판된 안내서에 따르면 CBT는 외상후 스트레스 장애부터 우울증에 이르기까지 광범위한 장애를 치료하는 데 도움이 된다. CBT는 명확한 과학적인 근거를 바탕으로 한 아동 대상 치료로 자리 잡아 가고 있다(Stallard, 2007).

비록 아동과 청소년 대상의 CBT 연구가 성인 대상의 CBT 연구에 비해 상대적으로 적은 것은 사실이나, 지난 4~5년 동안 진행된 많은 연구를 통해 CBT가 불안과 우울을 경험하는 아동과 청소년을 위한 효과적이고 안전한 치료임이 증명되었다. NAMI(National Alliance on Mental Illness, 2007)는 심각한 우울증이 있는 아동들을 대상으로 다양한 심리치료의 효과를 비교한 결과, 지지치료와 가족치료보다 높은 비율인 약 65%의 참여자가 CBT를 통해 효과를 나타냈다고 발표했다. 또한 CBT는 다른 치료에 비해 더 빠른 효과를 나타냈다. 불안이 높은 아동들을 위한 연구에서 CBT는 더 큰 치료적 효과를 보였다. 불안장애 아동들에게 CBT를 시행했을 때, 대략 70~80%의 비율로 불안 증세가 감소했으며, 그 효과는 계속 유지되었다.

최근까지 인지적 개념을 이해하는 것이 아동에게는 어려운 것으로 생각되어 CBT의 활용이 제한

적이었으며, 놀이치료나 체계적 가족치료가 더 적절한 치료법으로 여겨지는 경향이 있었다. 그러나 최근 몇 년 동안 CBT 프로그램이 아동과 청소년 모두에게 효과적이라는 증거가 뚜렷하게 증가하고 있다. 부모의 도움을 받으면서 2~3세 정도의 어린 아동들도 혼잣말하기(모델로서 인형 사용)와 점진적인 노출(gradual exposure)을 통한 둔감화(desensitization)를 배울 수 있다.

Stallard(2002)는 CBT를 아동과 청소년 각자의 인지 능력과 발달 단계에 맞게 조절할 필요가 있다고 제안하였다. 즉, CBT의 내용을 아동에게 전달하는 방법이 중요하다는 것이다. 성인에게 맞는 방법을 수정하지 않고 아동에게 그대로 적용할 때 기대했던 긍정적인 결과를 얻는 것은 어렵다.

CBT는 아동이 자신의 생각을 그저 사실로 받아들이기보다 자신의 사고에 도전하고 상황을 이해하도록 돕는다. CBT는 아동으로 하여금 더 현실적으로 상황을 지각하고 그에 대한 대처 능력을 향상시키도록 돕는다. 아동이 새로운 사고방식을 받아들일 준비가 되면, 힘들고 두려운 상황을 아동이 감당할 수 있는 작은 단계들로 나누어 이를 점진적으로 직면할 수 있도록 한다. 놀랍게도 아동은 특정 상황에 대해 불안감을 감소시키는 생각을 점차 더 빨리 떠올리게 되며, 두려운 상황을 회피하는 것이 오히려 불안을 증가시킨다는 것을 깨닫게 된다.

최근 수년간 아동을 대상으로 한 개인 및 집단 CBT의 효과에 대해 경험적인 증거들을 제공하는 많은 연구가 늘어나고 있으며, 아동과 청소년에 대한 CBT의 장기적인 효과를 뒷받침하는 사례들도 등장하고 있다. Stallard는 이에 관해 다음과 같이 말했다. "CBT의 장기적인 효과성은 입증될 필요가 있으며, 국가적 차원에서 더 많은 아동과 청소년이 CBT를 받을 수 있도록 하기 위한 개선이 요구된다."(Stallard, 2007)

참고문헌

Friedberg, R. D., & McClure, J. M. (2002). *Clinical Practice of Cognitive Therapy with Children and Adolescents: The Nuts and Bolts*. New York: Guilford Press.

Kendall, P. C., & MacDonald, J. P. (1993). 'Cognition in the Psychopathology of Youth and Implications for Treatment.' In K. S. Dobson & P. C. Kendall (eds.), *Psychopathology and Cognition* (pp. 387-427). California: Academic Press.

NAMI (2007). *Helpline Facts Sheet: Children and Adolescent OCD*. Accessed on 11/01/08 at www.nami.org/

helpline/ocd.htm.

Persons, J. B. (1989). *Cognitive Therapy in Practice: A Case Formulation Approach*. New York: W. W. Norton & Company.

Rapee, R. M., Wignall, A., Hudson, J. L., & Schniering, C. A. (2000). *Treating Anxious Children and Adolescents: An Evidence-Based Approach*. Oakland, CA: New Harbinger Publications.

Salkovskis, P. M. (1996). *Frontiers of Cognitive Therapy*. New York: Guilford Press.

Stallard, P. (2002). *Think Good Feel Good: A Cognitive Behaviour Therapy Workbook for Children*. Chichester: John Wiley & Sons, Ltd.

Stallard, P. (2007). 'Expert's Concerns about Child Mental Health Services.' Accessed on 11/01/08 at www.bath.ac.uk/news/2007/4/11/paulstallardlecture.html.

Tarrier, N. (ed.) (2006). *Case Formulation in Cognitive Behaviour Therapy: The Treatment of Challenging and Complex Cases*. Oxford: Oxford University Press.

도움이 되는 링크 및 참고문헌

본 프로그램은 CBT에 기여한 모든 선행 연구자들에 대해 감사를 표한다.

Alexander, J. (2003). *Bullies, Bigmouths and So-called Friends*. London: Hodder Children's Books.

British Association for Behavioural and Cognitive Psychotherapies: www.BABCP.com

Chansky, T. E. (2004). *Freeing Your Child from Anxiety: Powerful, Practical Solutions to Overcome Your Child's Fears, Worries, and Phobias*. New York: Broadway Books.

Friedberg, R. D. (2001). *Therapeutic Exercises for Children Workbook: Guided Self-Discovery Using Cognitive-Behavioral Techniques*. Sarasota, FL: Professional Resource Exchange, Inc.

Friends (an Australian programme designed for the prevention of anxiety and depression in children and youths): www.friendsinfo.net

Huebner, D. (2005). *What to Do When You Worry Too Much: A Kid's Guide to Overcoming Anxiety*. Washington, DC: Magination Press.

Kendall, P. C., & Hedtke, K. A. (2006). *The Coping Cat Workbook, 2nd Edition*. Ardmore, PA: Workbook Publishing, Inc.

Rapee, R. M., Spence, S. H., Cobham, V., & Wignall, A. (2000). *Helping Your Anxious Child: A Step-by-Step Guide for Parents*. Oakland, CA: New Harbinger Publications.

Rapee, R. M., Wignall, A., Hudson, J. L., & Schniering, C. A. (2000). *Treating Anxious Children and*

Adolescents: An Evidence-Based Approach. Oakland, CA: New Harbinger Publications.

Stallard, P. (2002). *Think Good Feel Good: A Cognitive Behaviour Therapy Workbook for Children*. Chichester: John Wiley & Sons, Ltd.

Stark, K., & Kendall, P. C. (1996). *Treating Depressed Children: Therapist Manual for "Taking Action"*. Ardmore, PA: Workbook Publishing, Inc.

사전 집단 프로그램 자료

개인 기록지

집단 리더는 회기를 진행한 후 정보를 기록한다. 이 양식은 집단원 개인에 대한 정보를 기록하는
데도 유용하다.

평가 도구: 당신은 어떤 사람입니까?

프로그램 시작 전 참여 아동과 일대일 회기를 진행할 수 있는 집단 리더를 위한 도구로, 이 도구
는 프로그램을 시작하기 전 집단원에 관한 배경 정보를 제공하고 집단원과 집단 리더 간의 라포를
형성하기 위한 목적으로 사용된다.

쿨-커넥션 프로그램 자기 의뢰 양식

프로그램에 참여하기 위해 아동 스스로 작성하는 양식이다.

과제 활동에 대한 피드백

아동 개개인이 매주 과제를 통해 배운 것을 기록하도록 하는 데 사용한다.

개인 기록지

이름: 집단 리더(들):

날짜/회기	내용

날짜/회기	내용

날짜/회기	내용

날짜/회기	내용

날짜/회기	내용

날짜/회기	내용

날짜/회기	내용

날짜/회기	내용

날짜/회기	내용

날짜/회기	내용

평가 도구: 당신은 어떤 사람입니까

내가 좋아하는 것들은……	
내 친구들이 말하기를 나는……	
나의 엄마는……	
나의 아빠는……	
나의 학교는……	
나를 화나게 하는 것/상황은……	
나를 슬프게 하는 것/상황은……	
나를 두렵게 하는 것/상황은……	
내가 싫어하는 것은……	
내 비밀은……	
만약 나에게 마법의 지팡이가 있다면 나는……	
(다른 사람의 마음을 상하게 하지 않고) 내가 만약 어떤 질문을 할 수 있다면 내가 물어보고 싶은 것은……	

Herbert, M. (1991). *Clinical Child Psychology: Social Learning, Development and Behaviour*. Chichester: Wiley
에서 인용.

쿨-커넥션 프로그램 자기 의뢰 양식

이 프로그램은 아동·청소년이 자신의 감정에 대처하도록 돕기 위한 것으로 재미있는 게임, 역할 놀이, 이야기, 미술 활동으로 구성되어 있습니다. 이 프로그램에 참여할 경우 감정에 대한 많은 것을 배우게 될 것입니다. 프로그램 참여를 원한다면 다음의 질문들에 답해 보세요.

당신의 이름은 무엇입니까?

_____

당신은 얼마나 자주 걱정을 하거나 또는 슬픈 생각을 하나요?

절대	가끔	매일

당신은 어디에 있을 때 가장 걱정과 슬픔을 많이 느끼게 되나요?

집	학교	어딘가 다른 곳

당신이 쿨-커넥션 프로그램에 참여하기 원하는 이유는 무엇인가요?

_____

_____

과제 활동에 대한 피드백

이번 주 과제를 통해 배운 것 또는 알게 된 것은 무엇인가요?

1

2

3

4

5

6

7

8

9

10

SESSION 0**1**

서로에 대해 알아가기

목표

- 집단원과 서로 인사한다.
- 집단 규칙에 동의한다.
- 감정에 대해 배운다.
- 집단원과 함께 자신의 감정을 나눈다.
- 즐거운 시간을 갖는다.

준비물

의자, 연필

주제 및 회기 진행을 위한 팁

 * 표시가 되어 있는 활동은 반드시 진행한다. 그 외의 활동은 집단의 진행 상황에 따라 자유롭게 선택할 수 있다. 때로 시간이 충분하지 않을 수도 있으나 집단원의 적극적인 참여를 위해 프로그램에서 '흥미'를 잃지 않도록 하는 것이 중요하다.

Short Session

활동	설명
* 피드백	집단원과 회기의 주제를 함께 나눈다.
* 친구들 만나기	이 프로그램에는 잭, 해리, 로렌, 케이티라는 4명의 인물이 등장한다. 집단원에게 이 인물들을 소개한다.
* 모두 바꾸기 게임	이 게임은 집단의 상황에 맞게 유연하게 진행될 수 있다. 게임의 목표는 집단원이 긴장을 풀고 서로를 알 수 있도록 하는 것이다.
* 비밀 보장	'집단 프로그램'이라는 특성상 서로 비밀을 나누고 유지하는 것이 중요하며, 이는 집단원끼리 신뢰를 쌓는 것을 돕는다.
* 집단 규칙	집단원에게 규칙이 적힌 목록을 나누어 준다(51쪽을 참고하여 작성하거나, 직접 규칙을 만들 수 있음). 집단원은 규칙에 동의한 후, 다음 활동에 참여할 준비를 한다. 그러나 이것은 단지 일반적인 안내일 뿐이다. 집단 규칙은 집단 리더의 판단하에 변경할 수 있다.
* 나는 누구일까요	이 활동의 예시를 든 다음, 집단원은 자신이 선택한 정보 두 가지에 대해 나누는 시간을 갖는다. 자신의 이름을 소개하는 것도 한 가지 정보가 될 수 있다.
* 걱 정	첫 번째 페이지 상단의 단락을 읽고 빈칸을 채우기 전에, 집단원이 한두 개의 예시를 얘기하도록 한다.
* 자신에 대해 평가하기	대개의 경우 집단원은 이 활동을 어려워한다. 가능하다면 구체적으로 자신의 삶의 어떤 부분이 집단 활동을 통해 개선될 수 있을지 생각해 내도록 하는 것이 좋다. 자신의 문제를 스스로 찾아내는 것을 어려워한다면 다음과 같은 질문을 통해 생각을 유도할 수 있다. "한 친구가 이 프로그램에 참여할 수 있는 기회를 얻었다면, 이 프로그램이 그 친구에게 어떤 도움을 줄 것 같니?" 이 단계에서 집단원은 나머지 집단원과 자신의 정보를 공유할 것인지 그렇지 않을 것인지를 결정하게 된다.

* 아, 열 받아

어떤 집단원은 타인의 시선을 의식하여 연기를 하는 것(58쪽)을 어려워할 수 있다. 첫 번째 회기이기 때문에 더 그럴 수 있다. 이럴 경우 연기를 하는 대신 그림을 그리거나, 다른 친구와 시나리오에 대해 이야기를 하도록 격려한다. 타인을 의식하는 정도를 통해 그 집단원의 감정 상태를 파악할 수 있으며, 그 집단원이 불안을 극복할 수 있도록 도움을 줄 수 있다. 경험에 따르면, 프로그램이 진행될수록 집단원의 자신감은 향상된다.

* 과제 1a:
  나의 가족

집단원은 자신이 원하는 방법대로 그릴 수 있다(졸라맨과 같은 간단한 그림도 무방하다). 이 활동은 집단원이 서로를 더 잘 알 수 있도록 하기 위한 것이다. 또한 이 활동을 통해 집단 리더는 집단원의 지지망에 대한 정보를 얻을 수 있다. 그림에 포함되거나 빠진 인물은 누구인지, 누가 누구와 가까이 있는지, 얼굴 또는 표정의 특징은 무엇인지 등을 자세히 살펴봄으로써 많은 정보를 얻을 수 있다. 그러나 그림을 보고 성급하게 결론을 내리기보다 그림을 통해 집단원의 특성을 면밀하게 관찰하고 파악하는 것이 중요하다. 그림의 질은 중요하지 않으나, 완벽주의와 같은 성격 특성을 파악하는 데 도움이 될 수 있다.

* 과제 1b:
  꿈과 희망

이 활동은 집단원이 자신의 어려움과 목표를 구체적으로 생각해 보고 해결책을 스스로 찾는 데 도움을 준다. 많은 연구는 미래에 이루고자 하는 꿈을 더 분명하게 그릴수록 그 꿈에 더 가까이 다가갈 수 있다고 제안한다. 그림은 당사자에게만 의미가 있으면 된다. 이 활동은 집단원이 자신의 어려움과 그 해결 방법을 시각화하는 데 도움을 준다. 이때 그린 그림은 57쪽과 203쪽에 제시되어 있는 평정 척도를 대신할 수 있으며, 프로그램 마지막에 그린 그림과 비교해 볼 수 있다.

Long Session

앞서 제시된 활동과 동일하지만 좀 더 많은 시간을 워밍업 게임에 사용한다. 회기 중에 집단 규칙에 대해 논의하고 규칙을 직접 만들 수도 있다. '걱정' 활동 내의 빈칸을 전부 채울 수도 있다.

Notes

이 회기에서 가장 중요한 것은 집단원에게 긍정적인 경험을 제공하고 그들이 서로 알아 가도록 하는 것이다. 이것은 집단원 간에 신뢰를 쌓고 감정을 안정시키는 데 도움이 된다. 자신과 마찬가지로 다른 집단원도 걱정과 문제를 가지고 있음을 알게 되어 치료적 효과를 볼 수 있다. 첫 번째 회기에는 다양한 활동이 많이 있다. 집단 운영 시간에 맞춰 게임이나 활동을 변경할 수 있다.

친구들 만나기

다음의 4명의 인물과 만나 볼까요? 이 친구들은 쿨-커넥션 프로그램을 하는 동안 그림과 예시를 통해 여러분을 도울 것입니다. 이 프로그램에 제시된 그림과 말풍선을 통해 이 친구들의 성격을 유추해 볼 수 있습니다.

잭(Jack): 잭은 유쾌하며 운동을 잘 한다. 특히 축구를 좋아하며, 종종 기발한 아이디어를 생각해 내기도 한다. 잭은 가끔 학교에서 자신이 멍청하다고 생각하며 실수를 하게 될까 봐 걱정한다. 잭의 부모는 집에서 종종 말다툼을 하며, 잭에게 소리를 지른다. 그런 일을 겪으면 잭은 화가 난다. 잭은 거미를 매우 무서워한다. 또한 잭은 때때로 케이티에게 심술궂게 군다.

해리(Harry): 해리는 포켓당구, 등산 그리고 컴퓨터를 매우 좋아한다. 또한 무엇을 조립하거나 만들기를 잘 한다. 해리는 로렌을 매우 좋아하며, 때때로 슈퍼 영웅이 되는 꿈을 꾼다. 시력이 나쁜 것 때문에 가끔 짜증이 나고, 뱀을 아주 무서워하며, 건강에 대해 걱정을 한다. 해리는 등산을 좋아하며, 때때로 뒤에서 다른 친구들에 대해 험담을 한다. 해리는 학교에서 선생님과 관계가 좋지 못하다.

케이티(Katie): 케이티는 바깥에 앉아 있는 것을 좋아하지만 운동은 싫어한다. 잭과 같이 어울리는 것을 좋아한다. 이런저런 활동에서 빠지는 경향이 있으며, 자신이 뚱뚱하고 못생겼다고 생각하고, 다른 친구들에게 지시하는 것을 좋아한다. 가끔 다른 사람과 함께 있을 때 '행복한 가면'을 쓰고 자신의 불행한 감정을 숨기려 한다. 케이티는 우두머리 행세를 할 때가 종종 있으며, 자신의 뜻과 어긋나는 일이 생기면 욱하는 모습을 보인다.

로렌(Lauren): 로렌은 다른 아이들에게 인기가 많고, 다이빙, 테니스, 댄스와 같은 다양한 활동을 좋아한다. 학교에서는 과학 과목을 좋아한다. 로렌은 인기가 있는데도 다른 사람이 자신에 대해 어떻게 생각할지를 걱정하며, 그들을 기쁘게 해 주려고 애쓴다. 그러나 동물들에게는 거칠게 대한다. 로렌은 가족을 매우 중요하게 생각하며 가족과 멀리 떨어져 있는 것을 두려워한다. 다른 사람들에게 힘이 되어 줄 때도 있지만, 친구들과 남 얘기하기를 즐길 때도 있다.

모두 바꾸기 게임

'모두 바꾸기'는 쉬운 게임입니다. 이것은 다른 집단원을 알아 가고, 서로 좋은 관계를 맺도록 유도하는 재미있는 활동입니다. 먼저 집단원이 모두 서로 마주보도록 의자에 원형으로 앉습니다. 집단 리더가 "모두 바꿔."라고 크게 소리치면 모두 의자를 바꿔 앉습니다. 이렇게 어느 정도 바꿔 앉기를 한 후, 의자 한 개를 뺍니다. 모두가 의자를 바꿨을 때, 의자에 앉지 못한 사람이 중간에 서서 집단원에게 자기 자신에 대한 어떤 이야기를 합니다. 그 후 "모두 바꿔."라고 소리칩니다. 이 게임은 횟수의 제한 없이 원하는 만큼 할 수 있습니다. 이 게임은 서로를 알아 가고, 사람들이 얼마나 서로 다른지를 배우는 데 도움을 줍니다.

비밀 보장

'비밀 보장'이란 집단 안에서 말한 것은 집단원에게 특별한 것이기 때문에, 집단의 허락 없이는 집단에서 나눈 이야기에 대해 외부에서 말하지 않는다는 것을 의미합니다.

집단에서 자신이 했던 말을 가족과 친구들에게 이야기하는 것은 상관없으나 다른 집단원의 이야기를 공개해서는 안 됩니다.

만일 여러분이 집단 밖에서 안전하지 않거나 위험에 처해 있다는 것을 알게 된다면, 집단 리더는 그 사실을 여러분을 보호할 수 있는 집단 밖의 누군가에게 이야기할 것입니다. 그러나 집단 리더는 자신이 무엇을 하고 있고 왜 그렇게 하는지를 여러분에게 알려 줄 것입니다. 가장 중요한 것은 여러분이 안전하다는 사실입니다.

집단 규칙

서로 존중하기

리더를 포함하여 집단 안에서 서로 존중하는 것은 중요합니다. 이는 다른 사람의 이야기를 듣고 격려하며 자신의 차례에 이야기하는 것을 포함합니다.

시간 엄수

여러분이 집단 모임 시간을 지키지 않는다면 회기에 지장을 주게 됩니다. 집단을 제시간에 시작하고 끝내는 것은 집단 리더의 책임이지만, 모임에 늦지 않게 오는 것은 여러분의 책임입니다.

개인적인 선택

집단에 있는 것은 여러분의 선택입니다. 자리를 뜨는 선택 또한 여러분이 할 수 있습니다. 그러나 안전상의 문제가 생길 수 있는데 이럴 경우 항상 그것을 집단 리더에게 알려야 할 필요가 있습니다. 만일 여러분이 집단의 모임을 방해한다면, 그것은 여러분이 더 이상 참석하고 싶지 않다는 것으로 간주될 것입니다. 그때는 집단에 피해를 주지 않으면서 남아 있을지, 집단을 떠날지 선택해야 할 것입니다. 모임 도중에 한 번 이상 자리를 뜨는 경우에는 이후 집단 모임 참석이 불가능해질 수 있습니다.

약속

여러분이 집단에서 무엇을 얻고자 한다면, 여러분 스스로 노력을 해야 합니다. 우리는 모든 집단원이 모든 활동에 참여할 것을 권합니다. 그러나 무엇을 하도록 강요하지는 않습니다. 집단의 일원이 되기로 약속을 하는 것은 여러분이 좋아하는 것만 하는 것이 아니라 과제 활동 및 집단의 모든 활동에 참여하기로 약속하는 것과 같습니다.

나는 집단의 규칙에 동의하고 비밀을 지킬 것을 서약합니다.

서명: _____

나는 누구일까요

다음 자신에 대한 질문들에 답변을 적어 보세요.

내 이름은:

나의 가족은:

내가 좋아하는 것은:

내 인생에서 가장 안 좋은 것은:

내 친구가 나에 대해 좋게 말해 주는 것들은:

나 자신에 대해 바꾸고 싶은 한 가지는:

걱 정

　모든 사람은 감정을 가지고 있으며, 누구나 나이에 상관없이 때때로 걱정을 합니다. 또한 사람들은 각자 다양한 것에 대해 두려움을 느낍니다. 어떤 아이들은 뱀이나 곰 같은 동물을 무서워하지만, 다른 아이들은 어두운 장소나 높은 곳을 두려워합니다. 때로는 새로운 친구들을 사귀는 것, 파티에 참석하는 것, 학교생활을 하는 것 그리고 엄마, 아빠, 집과 떨어지는 것을 걱정하기도 합니다. 우리가 걱정하는 것이 무엇이든 간에 두려움은 모든 사람이 때때로 가지는 감정입니다.

다음의 항목들은 많은 친구가 흔히 걱정하는 것입니다. 이 중에서 여러분의 걱정과 동일한 것들이 있다면 체크해 보세요. 다음의 항목들 외에 여러분이 걱정하는 것이 있다면 빈 칸에 적어 보세요.

거미	병원	학교에 가는 것	뱀	어둠
가정불화 (가족 구성원들 사이의 논쟁)	수업 시간에 발표하는 것	가족의 안전	세균과 먼지	야단맞는 것
다른 아이들 앞에서 음식을 먹는 것	몸이 아픈 것	전화기 사용하는 것	왕따가 되는 것	실수하는 것
머릿속을 떠나지 않는 무서운 생각	엄마, 아빠와 떨어지는 것	친구가 많이 없는 것	무엇을 계속 다시 해야만 한다는 생각	뚱뚱하고 못생긴 외모
집 또는 학교에 관해 말하지 못하는 비밀	나에 대한 다른 아이들의 생각	암, 에이즈와 같은 심각한 질병	죽음 이후에 어떤 일이 벌어질지에 대한 걱정	누군가에게 공격당하는 것

자신에 대해 평가하기

현재 여러분의 삶에 대한 감정을 가장 잘 나타내는 숫자에 X 표시를 해 보고, 이것에 대해 학교와 학교 밖에서 어떻게 대처하는지 적어 보세요.

    1   2   3   4   5   6   7   8   9   10

매우 속상함   행복함

지금 여러분의 삶 속에서 가장 속상한 것 세 가지를 적어 보세요. 그런 다음 여러분의 감정을 가장 잘 나타내는 숫자에 X 표시를 해 보세요.

예: 나는 친구가 많이 없다.

    1   X   3   4   5   6   7   8   9   10

    매우 속상함   행복함

1. ....

    1   2   3   4   5   6   7   8   9   10

    매우 속상함   행복함

2. ....

    1   2   3   4   5   6   7   8   9   10

    매우 속상함   행복함

3. ....

    1   2   3   4   5   6   7   8   9   10

    매우 속상함   행복함

아, 열 받아

우리에게 항상 일어나는 일이지요. 사람들은 걱정이 되거나, 화가 나거나 또는 침착함을 잃을 때 폭발해 버립니다. 분노는 흔히 '스트레스' 때문에 발생합니다.

모든 사람은 때때로 스트레스를 받습니다. 의사, 교사, 댄서, 스포츠맨, 운전기사, 가게 점원 등 모두가 스트레스를 받습니다. 어머니와 아버지는 집안의 경제 사정이 안 좋을 때, 할 일이 너무 많을 때, 슈퍼마켓에서 줄이 너무 길 때 스트레스를 받을 수 있습니다. 마찬가지로 아이들도 학교 수업을 이해할 수 없을 때, 다른 아이들이 괴롭힐 때, 어른들이 자신의 말을 들어주지 않을 때 스트레스를 받을 수 있습니다.

문제는 스트레스는 한 사람에게서 다른 사람에게 전염된다는 것입니다. 예를 들어, 회사에서 사업이 잘 안 될 때, 사장은 직원에게 화를 냅니다. 그 직원은 점심시간에 식당 종업원에게 무례하게 굴게 됩니다. 그 종업원은 그날 밤 집에 가서 아이들을 혼냅니다. 마침내 아이들은 고양이에게 소리를 지릅니다. 그럼 결국 그 가여운 고양이는 무엇을 할 수 있을까요?

사람들은 스트레스를 받을 때 각기 다르게 행동합니다. 어떤 사람은 고함을 치기도 하고 야생동물들처럼 행동하기도 합니다. 어떤 사람은 호랑이같이 으르렁거립니다. 또 다른 사람은 야생 원숭이같이 팔짝팔짝 뛰며 화를 냅니다. 어떤 사람은 심지어 자제력을 잃고 눈에 보이는 모든 것을 부수면서 코뿔소같이 화를 냅니다. 또 다른 사람은 말을 하지 않고 거북이가 등딱지에 숨는 것처럼 숨어 버립니다. 크게 우는 시늉을 하는 사람도 있고, 타조가 모래에 머리를 파묻는 것처럼 자신의 문제를 외면하는 사람도 있습니다.

쿨–커넥션 프로그램을 통해 우리는 스트레스를 만들어
내고 우리를 '열 받게' 만드는 울적한 감정들—두려
움, 분노, 슬픔, 죄의식 등—에 대처하는 좋은
방법을 찾아볼 것입니다.

여러분은 자신의 생각, 감정, 신체 반응과 행동
을 더 잘 알아차리게 될 것입니다. 이러한 정보들을
통해 자신의 감정을 분명히 알게 되며, 분노, 걱정, 우
울과 같은 안 좋은 감정에 대처하는 새로운 방법들을 시
도하게 될 것입니다. 자신의 생각, 감정, 신체 반응 및 행동
사이의 긴밀한 관계를 이해함으로써 여러분은 '침착성'을 유지
할 수 있을 것입니다.

기분이 나쁘고 스트레스를 받았던 때를 생각해 보세
요. 친구와 그 장면을 연기해 보고 집단에서 이야기해
보세요.

여러분이 연기한 장면을 간단히 설명해 보세요.

과제 1a: 나의 가족

자신을 포함하여 여러분의 가족을 그려 보세요.

과제 1b: 꿈과 희망

집단에서 도움 받기를 원하는 두 가지에 대해 적어 보세요.

1. _____

   _____

   _____

2. _____

   _____

   _____

여러분의 주된 근심이나 문제점 한 가지를 그려 보세요.

빈칸 1

여러분의 근심 또는 문제점이 개선된 상황을 그려 보세요.

빈칸 1(문제)을 빈칸 2(개선된 상황)로 바꿀 수 있는 방법을 그림으로 나타내 보세요.

SESSION 02
다양한 감정 알아보기

목표

- 다양한 감정에 대해 배운다.
- 다른 집단원의 얼굴 표정과 몸짓을 보고 어떤 감정을 느끼는지 알아차린다.
- 하루에 감정이 얼마나 자주 변하는지 알아본다.
- 우리의 생각과 감정의 관계를 알아본다.

준비물

연필, 도화지, 감정 주사위(각 면에 행복, 슬픔, 근심 등 다양한 감정을 붙인 정육면체 상자)

주제 및 회기 진행을 위한 팁

* 표시가 되어 있는 활동은 반드시 진행한다. 그 외의 활동은 집단의 진행 상황에 따라 자유롭게 선택할 수 있다. 때로 시간이 충분하지 않을 수도 있으나 집단원의 적극적인 참여를 위해 프로그램에서 '흥미'를 잃지 않도록 하는 것이 중요하다.

Short Session

활동	설명
* 피드백	집단원과 인사를 한 다음 회기의 주제를 나눈다. 한 주 동안 지낸 이야기를 간략하게 서로 나눈다. 회기 시간이 제한되어 있기 때문에 다른 활동을 위해 피드백 시간은 짧게 유지한다. 각자 한 가지만 이야기하도록 권장한다. 집단원이 속상한 이야기를 할 경우 이를 공감해 주어야 한다. 또한 회기 종료 후 이 문제에 대해 더 자세하게 이야기할 수 있는 시간을 개별적으로 갖는 것이 좋다.
* 과제 검토하기	집단원이 과제 1a와 1b에서 그린 그림을 보여 주는 시간을 간략하게 갖는다. 회기 후에 과제를 자세히 분석하기 위해 제출하게 한다. 제출한 과제는 다음 회기나 프로그램이 종료할 때 돌려준다.
* 감정 도가니	다양한 감정을 알아볼 수 있게 해 주는 즐거운 게임으로 감정 주사위가 필요하다.
* 감정이란 무엇일까요	어떤 집단원은 읽는 것에 더 몰두할 수 있다. 그러나 이 때문에 회기 시간이 지연되지 않도록 유의한다.
* 감정의 이름	집단원은 집단 안에서 정보를 나누고 서로의 답을 비교해 본다.
* 다양한 감정	이 활동의 목적은 동일한 상황이라도 사람들이 다양한 감정을 가질 수 있다는 것을 집단원에게 보여 주는 것이다. 3~4명의 집단원에게 그들이 느낀 감정을 서로 나누게 한다. 집단 리더는 그들의 감정과 행동 사이의 연관성을 발견하도록 이끈다. 예를 들어, 잭은 거미를 보았을 때 두려움을 느껴 비명을 지를 것이다. 반면, 로렌은 흥미를 느껴서 거미를 잡을 것이다.
* 감정 맞히기 게임	1회기에서와 마찬가지로 남의 시선을 의식하는 집단원이 있을 경우 활동을 조절할 수 있다. 예를 들어, 모든 집단원들 앞에서 연기하는 대신 짝과 연기하는 시간을 갖는다.

* 쿨-커넥션 만들기	이 연습은 집단원이 감정과 행동 사이의 연관성을 이해할 수 있도록 돕기 위한 것이다. 시간이 부족하여 한 가지만 할 수도 있으며, 원한다면 그것을 집단과 나눌 수 있다. 시간을 절약하기 위해 섬세한 그림보다는 '졸라맨'으로 그리는 것을 권장한다.
* 과제 2a: 기분이 어때요	이 활동 또한 집단원이 그들의 감정과 행동 사이의 연관성을 아는 데 도움을 준다. 또한 그들 삶 속에 어떤 문제들이 있는지 인식하게 해 주며, 그에 따른 감정들을 표현하는 단어의 폭을 넓혀 준다.
* 과제 2b: 활동/감정 기록하기	활동 내용을 기록하는 것은 CBT에서 자주 볼 수 있으며, 이것은 치료와 관련하여 많은 장점이 있다. 활동 기록의 목적은 자신이 평소 어떤 활동을 하는지 알고, 그 활동이 감정이나 행동에 미치는 영향에 대해 더 잘 이해하도록 하는 것이다. 우울하거나 불안한 아동들은 매 순간 자신이 불안하고 우울하다고 생각한다. 감정에 대해 기록하는 것은 이러한 생각을 검증해 보는 데 유용한 방법이 될 수 있다. 이러한 차트를 근거로 기분을 좋게 만드는 활동들을 더 많이 하도록 격려하며, 불안과 우울한 감정을 가져오는 활동들에 대해서는 8회기에 제시된 문제 해결 기술을 사용할 수 있도록 도움을 준다.

Long Session

피드백과 '감정 맞히기' 게임에 더 많은 시간을 할애할 수 있으며, 비디오나 DVD 영상 또는 사진을 보여 주고 다양한 인물이 느끼는 감정을 알아맞혀 보도록 할 수 있다. 각 등장인물들이 사용한 제스처에 대해 이야기를 나누고, 어떻게 그것이 인물들의 감정을 더 잘 이해할 수 있도록 돕는 시각적인 정보가 되는지 말해 본다. 역할놀이 또한 감정을 묘사하고 다른 사람의 감정을 추측할 수 있도록 돕는 유용한 활동이다.

Notes

집단원이 모든 활동에 대해 피드백을 할 수 있도록 진행해야 한다. 이번 회기에서는 다양한 감정을 나타내는 비디오나 DVD 또는 그림 카드를 사용하는 것도 좋은 방법이다. 이 방법은 '감정 도가니' 활동의 대안으로 사용될 수 있다. 집단원은 자료 속의 인물이 느끼는 감정을 발견하고, 그 감정이 현재 그 인물이 경험하고 있는 것과 어떤 연관이 있는지 이야기해 본다.

감정 도가니

- 집단원은 얼굴을 마주보며 원형으로 둘러앉습니다.
- 먼저 자원하는 집단원이 감정 주사위를 던집니다. 주사위가 가리키는 감정을 확인한 후 그 감정에 맞는 시간, 장소 또는 상황에 대해 이야기합니다.

  예: 두려움 = 내가 거미를 보았을 때 / 흥분 = 놀이공원에 갈 때 등.
- 장소나 상황을 이야기한 후 그 집단원은 원 가운데에서 '감정 도가니'를 외칩니다.
- 주어진 상황이나 장소에서 동일한 감정을 느끼는 집단원은 얼른 다른 의자로 가 자리를 바꿉니다. 반면, 공감하지 못한 집단원은 자신의 의자 위에 그대로 서 있습니다.
- 의자가 없는 사람이 다음 감정 주사위를 던질 차례가 됩니다.

예시: 로렌이 원의 한가운데 섭니다. 감정 주사위를 던져 행복한 얼굴이 나오자 로렌은 집단에게 자신은 집에 있을 때 행복하다고 알려 줍니다. 잭은 집에서 행복을 느끼지 못하기 때문에 자신의 의자에 그대로 서 있고, 해리와 케이티는 집에서 행복을 느끼기 때문에 얼른 다른 의자를 찾습니다. 로렌은 해리보다 먼저 케이티의 자리에 오고, 남겨진 해리가 원 가운데서 다시 게임을 시작하게 됩니다.

감정이란 무엇일까요

우리는 모두 다양한 감정을 경험합니다. 감정은 행복, 슬
노, 두려움 등과 같이 우리가 사람, 장소 또는 상황에 대해
끼는 내면의 반응입니다. 다양한 감정을 발견하고
그 감정에 대해 표현하는 것은 나와 다른 사람이
좋은 관계를 맺는 데 필요한 첫 단계입니다. 어떤
감정들이 존재하는지 다른 집단원과 나누어 보세
요. 자, 얼마나 다양한 감정이 있는지 알 수 있겠
지요?

감정은 상황에 따라 시시때때로 변합니다. 예
를 들어, 여러분이 달리기 경주를 하고 있다면
복하거나 신이 날 것입니다. 그러나 넘어져서 다
된다면 이 감정은 곧 바뀌어 화가 나게 될 것입니다.

다음의 빈칸에 여러분의 감정이 갑자기 다른 감정으로 변화되었을 때를 적어 보세요.

어떤 사람들은 감정을 긍정적인 감정과 부정적인 감정으로 분류하지만, 사실은 그렇지 않습니다. 감정은 좋거나 나쁘다고 표현할 수 없는 그냥 감정일 뿐입니다. 화나고, 속상하며, 걱정하는 감정을 느끼는 것도 괜찮습니다. 또한 그것을 다른 사람에게 말하는 것도 괜찮습니다. 그러나 다른 사람을 다치게 하거나, 물건을 부수어 버리는 것은 좋지 않습니다. 때때로 사람은 동시에 다양한 감정을 느낄 수도 있습니다.

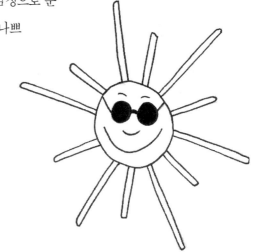

예를 들어, 다음과 같은 상황을 생각해 보세요.

- 잭은 동생이 귀여워서 동생을 좋아하기도 하지만, 동생이 자신이 좋아하는 장난감을 망가뜨렸기 때문에 동생을 싫어하기도 합니다.
- 로렌은 놀이공원에서 놀이기구를 탈 때 신이 났지만 조금 긴장하기도 합니다.
- 어떤 남자는 아끼는 애완동물이 죽은 것이 기쁘기도 하고 슬프기도 합니다(애완동물이 더 이상 고통받지 않아서 기쁘며, 더 이상 그의 곁에 있지 않아 슬픕니다).

여러분이 동시에 두 가지 이상의 감정을 느꼈던 때를 집단원과 나누어 볼 수 있나요?

감정의 이름

우리는 때때로 다른 사람들의 얼굴을 보고 그들이 어떻게 느끼는지 알 수 있습니다. 다음 목록에 있는 각각의 기분을 해당 그림과 연결해 보세요. 맞는 답과 틀린 답은 없습니다. 여러분의 생각대로 하세요.

행복한	신이 난	짜증이 난	속상한	눈물이 나는
화난	무서운	슬픈	즐거운	힘이 나는

다양한 감정

• 오늘 모임에 오기 전 여러분의 기분은 어땠나요?

신이 났다	긴장했다	지루했다	짜증이 났다
화가 났다	속상했다	불안했다	실망했다
매우 기뻤다	슬펐다	두려웠다	마음이 편했다

• 커다란 거미가 여러분의 의자에 기어오르는 것을 본다면 기분이 어떨 것 같나요?

신이 날 것이다	긴장할 것이다	지루할 것이다	짜증이 날 것이다
화가 날 것이다	속상할 것이다	불안할 것이다	실망할 것이다
매우 기쁠 것이다	슬플 것이다	두려울 것이다	마음이 편할 것이다

• 만약 어느 친절한 선생님이 여러분에게 사탕을 준다면 기분이 어떨 것 같나요?

신이 날 것이다	긴장할 것이다	지루할 것이다	짜증이 날 것이다
화가 날 것이다	속상할 것이다	불안할 것이다	실망할 것이다
매우 기쁠 것이다	슬플 것이다	두려울 것이다	마음이 편할 것이다

• 여러분이 답한 것들을 집단원과 나누어 보세요.

  – 여러분은 어떤 사실을 알아차렸나요?

  – 다른 집단원이 여러분과 같은 답을 골랐나요?

  – 이제 감정에 대해 어떤 결론을 내릴 수 있나요?

감정 맞히기 게임

• 두 명씩 짝을 지어 보세요.

• 강렬한 감정을 갖고 있는 사람에 대한 상황을 연기하거나 그려 보세요. 이것은 실제 상황일 수도 있고 가상의 상황일 수도 있습니다.

예: 왕따를 당하는 상황 = 분노 / 상어의 공격을 받는 상황 = 공포

• 여러분이 겪은 상황을 연기하거나 그림으로 나타낸 후 다른 집단원이 그것이 어떤 상황인지 알아맞혀 보도록 시간을 주세요. 집단원이 상황을 파악한 후에는 여러분이 표현하고자 하는 감정을 알아맞혀 보도록 해 보세요.

여러분이 그리거나 연기한 장면에 대해 다음 빈칸에 간략하게 적어 보세요. 여러분이 표현하고 싶었던 감정은 무엇인가요?

쿨-커넥션 만들기

여러분을 행복하게 만드는 것을 적어 보세요.

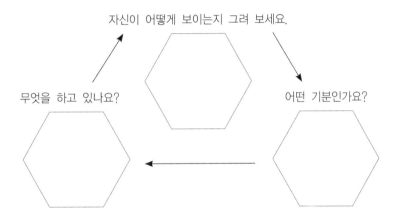

자신이 어떻게 보이는지 그려 보세요.

무엇을 하고 있나요?

어떤 기분인가요?

여러분을 걱정하게 하거나 무섭게 만드는 것을 적어 보세요.

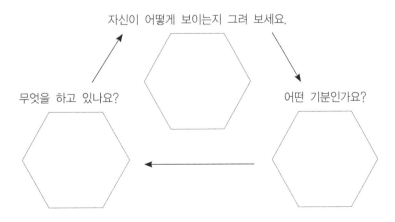

자신이 어떻게 보이는지 그려 보세요.

무엇을 하고 있나요?

어떤 기분인가요?

여러분을 화나게 하거나 짜증나게 만드는 것을 적어 보세요.

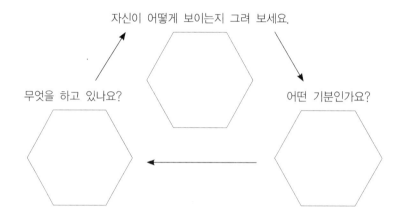

여러분을 슬프게 하거나 우울하게 만드는 것을 적어 보세요.

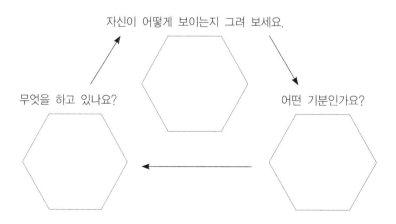

과제 2a: 기분이 어때요

다음에 제시된 상황들을 감정과 연결해 보세요.

학교에 있을 때	밤에 자려고 누웠을 때	친구와 함께 있을 때

시내로 외출했을 때	나의 감정에 대해 나눌 때	엄마 또는 아빠와 있을 때

행복한	슬픈	지루한
편안한	화가 난	두려운
짜증이 난	속상한	신이 난
외로운	죄책감을 느끼는	혼란스러운

과제 2b: 활동/감정 기록하기

• 이번 주에 여러분이 한 중요한 일들을 다음 표의 빈칸에 기록하세요(예: TV 시청, 수학 공부, 축구 등).

• 각각의 활동을 한 후 어떤 감정을 느꼈는지 기록하세요(예: 행복했다, 슬펐다, 걱정이 되었다 등).

• 10점을 만점으로 할 때 여러분이 느낀 기분의 강도는 몇 점인지 표시해 보세요(1 = 약한 감정, 10 = 아주 강한 감정).

• 남은 공간에 각각의 상황에 따른 여러분의 얼굴 표정을 그려 보세요.

	아침	점심	오후	저녁
일요일				
토요일				
금요일				
목요일				
수요일				
화요일				

SESSION 0**3**

신체 반응과 생리 작용

목표

• 자신의 신체적인 변화를 알아차릴 수 있다.

• 신체 반응, 생각, 감정 및 행동이 서로 연결되어 있음을 안다.

준비물

의자, 연필

주제 및 회기 진행을 위한 팁

* 표시가 되어 있는 활동은 반드시 진행한다. 그 외의 활동은 집단의 진행 상황에 따라 자유롭게 선택할 수 있다. 때로 시간이 충분하지 않을 수도 있으나 집단원의 적극적인 참여를 위해 프로그램에서 '흥미'를 잃지 않도록 하는 것이 중요하다.

Short Session

활동	설명
* 피드백	집단원과 인사를 한 다음 회기의 주제를 나눈다. 한 주 동안 지낸 이야기를 간단히 나눈다.
* 과제 검토하기	과제를 검토하는 시간을 간략하게 갖는다. 지난주의 과제에 대해 질문을 할 수 있다. 집단 리더는 보다 자세한 검토를 위해 과제를 제출하도록 하고, 제출한 과제는 다음 회기나 프로그램이 종료할 때 돌려준다.
긴장 · 이완 게임	자신의 신체적 변화에 대한 인식을 증가시키고 이완된 근육과 긴장된 근육의 차이를 알도록 한다. 또한 이런 신체적 변화들이 걱정, 슬픔, 화나는 감정과 연결되어 있음을 알도록 한다.
* 신체 반응의 중요성	어떤 집단원은 읽는 것에 더 몰두할 수 있다. 그러나 이 때문에 회기 진행이 지연되지 않도록 유의한다. 자신의 신체 반응에 대해 알아차림으로써 감정 조절을 더 잘 할 수 있음을 알도록 한다.
* 신체 반응의 유형	활동지에 나와 있는 감각들을 경험한 적이 있는지에 관해 이야기를 나눈다. 이 활동은 불안과 관련된 신체 반응을 안정시키는 데 도움이 된다.
* 나만의 신체 반응	집단원은 서로 그림을 보여 주거나, 자신이 경험한 신체 반응들을 집단 내에서 나눌 수 있다. 각자 경험한 신체 반응들이 서로 다르며, 또한 이런 신체 반응들이 서로 달라도 괜찮다는 것을 알도록 하는 중요한 활동이다. 집단원이 이해할 수 있다면 신체 반응에 재미있는 이름을 만들어 붙이는 것도 좋다. 예를 들어, 머리에서 느껴지는 감정을 '빙빙', 배에서 느껴지는 감정을 '울렁울렁'으로 표현할 수 있다. 그림을 잘 그리는 것보다 신체 감각에 이름을 붙이는 것이 더 중요하다. '졸라맨' 그림도 괜찮다.

여러분의 신체는 어떻게 반응했나요	이 활동은 자신의 감정과 관련된 신체 감각(불편한 감각 포함)을 인식하고 이름을 붙이는 데 도움을 준다. 자신이 생각해 낸 한두 가지의 감각에 대해 이야기할 수 있도록 격려한다. 많은 집단원은 다른 집단원도 자신처럼 스트레스를 받았을 때 유사한 느낌을 경험한다는 것을 전에는 깨닫지 못했을 수 있다.
* 나만의 경보	불안과 관련된 신체 반응이 각자가 처한 상황에 대처하는 데 도움을 주는 정보임을 알 수 있도록 한다. 신체 반응은 유익한 기능을 가지고 있다. 나쁜 일이 일어날 것에 대해 미리 걱정하든, 나쁜 일이 실제로 발생하든 간에 그에 따라 생기는 신체적 감각이 동일하다는 것을 아는 것은 중요하다(때로는 앞으로 생길 수 있는 일에 대한 두려움이 현실보다 더 위협적일 수 있다).
침착해 그리고 진정해	이완 활동은 신체 감각과 신체의 변화를 인식하는 데 도움을 준다. 본문의 내용을 그대로 읽을 수도 있고, 집단의 시간에 맞춰 내용을 줄이거나 변경할 수도 있다.
실험 3.1	활동을 진행하기 전에 건강상의 문제(예: 천식과 같은 질병)를 갖고 있는 참여자가 있는지 점검하는 것이 필요하다. 어떤 집단원은 이 실험을 매우 불안했던 과거의 어느 순간과 연결 지어 생각할 수 있다. 이 활동에 참여하는 것을 꺼리는 집단원이 있다면 다른 집단원이 활동하는 것을 지켜보도록 한다.
실험 3.2	집단원이 두 실험의 차이점을 제시할 수 있도록 격려한다. 여기에서는 불안을 느끼는 상황에서 '실험 3.1'과 '실험 3.2'의 전략을 사용하게 하는 것이 주된 목적이 아니다. 이 활동의 목적은 신체 감각에 대한 인식을 갖게 하고 안정을 찾도록 하는 데 있다.
* 과제 3: 신체 관찰	집단원은 과제를 통해 다른 사람들의 신체 반응을 관찰할 수 있는 기회를 갖는다. 이 활동의 목적은 신체 감각(불편한 신체 감각 포함)에 대한 인식을 갖게 하고 안정을 찾도록 하는 데 있다.

Long Session

'긴장·이완 게임'과 '여러분의 신체는 어떻게 반응했나요?'가 포함될 수 있다. 또한 '침착해 그리고 진정해' '실험 3.1' '실험 3.2'도 포함될 수 있다. Short Session에서는 모든 활동을 진행하기에 시간이 부족하다. 때때로 Long Session에서도 시간이 충분하지 않을 수 있다.

시간이 된다면 회기 초반에 제자리 뛰기, 술래잡기와 같은 흥미를 유발하는 활동을 할 수 있다. 각 활동을 한 후에는 어떤 신체 증상의 변화(심장 박동 수 증가, 거친 숨 등)를 느꼈는지, 다른 참여자들을 관찰하며 무엇을 보았는지 묻는 시간을 갖는다. 추가적으로 비디오나 DVD 또는 그림에 등장하는 인물들의 신체 반응을 보고 그들이 어떠한 감정을 느끼는지 맞혀 보도록 한다.

Notes

'실험 3.1'과 '실험 3.2'는 집단원이 자신의 생리 및 신체 반응을 인식하도록 돕는 데 목적이 있다. 또한 이들 활동은 감정에 따른 생리적 변화가 어떤 영향을 미치는지 탐구하는 데 도움이 된다. 집단원은 '실험 3.1'과 '실험 3.2'를 하면서 좋았던 것에 대해 이야기를 하고 집단 내에서 자신들의 생각을 공개적으로 이야기할 수 있다. 예를 들어, "이 두 실험에서 다른 것이 무엇이지?" "이 실험들은 신체 반응에 대해 무엇을 말해 주고 있지?" "이러한 것들은 걱정과 어떤 연관이 있을까?" 등의 질문들에 대해 이야기를 나눌 수 있다. '침착해 그리고 진정해' 또는 '실험 3.1'과 '실험 3.2'의 두 활동 모두 신체 반응에 대한 인식을 증가시키는 데 목적이 있으나, 선행 연구들에 따르면 범불안 증세(모든 것과 모든 사람에 대한 끊임없는 걱정)에는 '침착해 그리고 진정해'와 같은 점진적 근육 이완 활동이 더 효과적인 것으로 나타났다. 반면, '실험 3.1'과 '실험 3.2'는 참여자들의 흥미를 유발하는 활동으로 긴장된 신체와 이완된 신체의 차이를 확실히 경험하도록 할 수 있다.

긴장 · 이완 게임

이 게임에서 여러분은 여기저기 뛰어다니다가 진행자가 "긴장."이라고 말했을 때 뛰는 것을 멈추고 경직된 자세를 취해야 합니다. 또한 진행자가 "이완."이라고 말했을 때는 편안한 자세로 있으면 됩니다.

신체가 긴장되었을 때가 언제인지 적어 보세요.	신체가 이완되었을 때가 언제인지 적어 보세요.

이 게임은 우리에게 다음과 같은 도움을 줍니다.

• 긴장되었을 때와 이완되었을 때(편안했을 때)의 차이를 배우게 됩니다.
• 우리의 신체 변화를 더 잘 깨닫게 됩니다.

신체 반응의 중요성

여러분의 신체 반응에 대해 알아차리고 관심을 갖는 것은 매우 중요합니다. 우리의 신체는 우리의 감정에 의해 시시때때로 수없이 변화하고 있습니다. 공포나 분노와 같은 매우 강한 감정이 아닌 경우에 여러분은 이러한 변화들을 알아채지 못할 수도 있습니다. 수천 년 전 동굴에 살았던 시절 사람들은 살아남기 위해 싸웠습니다. 그들은 난폭한 동물들의 공격을 받거나, 식량 또는 거주지를 빼앗길 위협을 받았습니다.

오늘날 우리는 난폭한 동물들로부터 공격을 받는 일이 거의 없습니다. 대신 우리는 다른 사람들에 대해 또는 우리 자신들에 대한 그들의 평가에 위협을 느낍니다. 예를 들어, "나는 너무 뚱뚱한 것 같아(또는 나는 너무 마른 것 같아)" "내가 학교에서 잘 할 수 있을까?" "시험에서 떨어지지 않을까?" "내가 이것을 하면 무슨 일이 일어날까?" 등과 같은 두려움이 있습니다. 이러한 두려움은 생명이 걸린 문제는 아닙니다. 그러나 우리의 신체는 간혹 이러한 차이를 인식하지 못하고 예전 동굴에 살던 사람들이 난폭한 동물들의 공격에 반응했던 것과 같이 반응하게 됩니다.

분노나 두려움과 같은 불편한 감정은 위험과 싸우거나 도주할 준비를 하도록 우리의 신체에 강한 메시지를 보냅니다. 이것은 '싸울 것인가 아니면 도주할 것인가'와 같은 선택을 요구하는 메시지입니다. 이때 갑자기 수많은 변화가 신체에서 일어나며, 우리의 몸은 긴장하고 행동을 취할 준비를 합니다. 심장은 빨리 뛰고, 근육은 에너지가 생기고, 우리는 긴장하며 강한 힘을 갖게 됩니다. 즉, 우리의 신체는 아주 짧은 시간 동안에 싸움을 준비하거나 필사적으로 도망칠 준비를 하게 됩니다.

이번 회기를 통해 우리는 신체 반응을 인식하고 신체 반응과 감정 간에 어떤 관계가 있는지를 살펴보게 됩니다. 신체 반응을 알아차리고 그것에 이름을 붙이는 것은 우리가 어떤 행동을 취해야 할지를 선택하는 데 도움을 줍니다. 또한 이것은 우리의 감정이 브레이크 없이 도로를 질주하는 차와 같이 통제 불능이 되지 않도록 도와줍니다.

신체 반응을 알아차리지 못할 때

싸움

긴장

심장이 뜀

분노

소리 지름

처벌을 받음

다른 사람을 공격함

숨이 참

신체 반응을 알아차릴 때

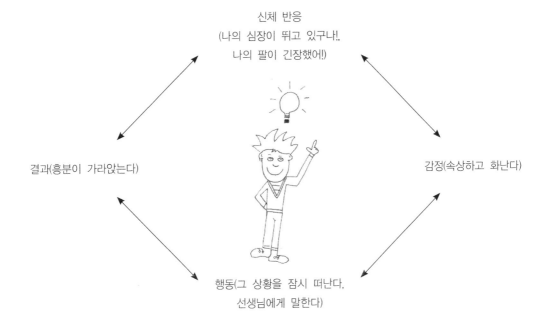

신체 반응
(나의 심장이 뛰고 있구나!,
나의 팔이 긴장했어!)

결과(흥분이 가라앉는다)

감정(속상하고 화난다)

행동(그 상황을 잠시 떠난다,
선생님에게 말한다)

신체 반응의 유형

두려움을 느끼거나 걱정할 때 생기는 나의 신체 반응들은 서로 연결되어 있습니다.

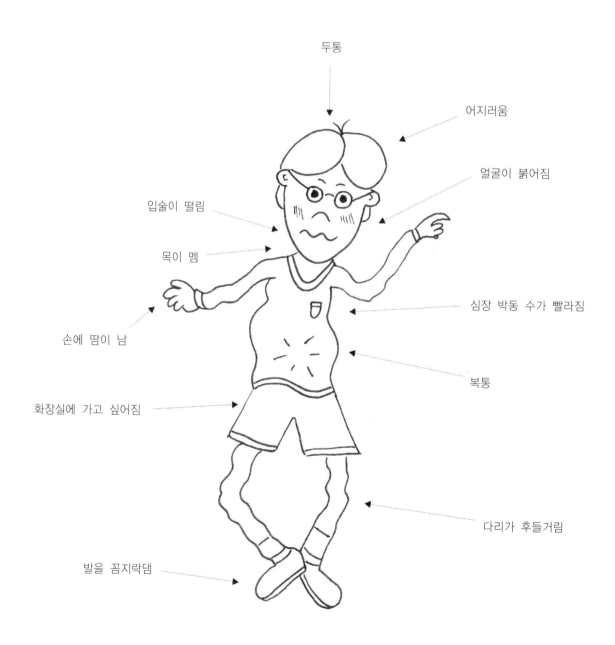

나만의 신체 반응

여러분이 두려움을 느끼거나 걱정을 할 때 어떤 신체 반응들이 나타나는지 다음 빈칸에 그림을 그려 표현해 보세요. 모든 사람의 신체 반응들은 각자 다릅니다. 따라서 다른 집단원의 신체 반응과 여러분의 신체 반응은 다를 수 있습니다.

여러분의 신체는 어떻게 반응했나요

여러분이 다음과 같은 감정들을 느꼈을 때 여러분의 신체는 어떻게 반응하는지 '졸라맨' 그림으로 나타낸 다음 그것에 이름을 붙여 보세요.

신이 났다

화가 났다

두려웠다

나만의 경보

우리는 모두 신체 반응을 경험합니다. 이러한 반응들은 어떤 행동을 취하도록 내부에서 우리의 몸을 준비시키는 개인적인 알람과 같습니다. 우리의 몸은 즉시 긴장하여 위협이 되는 것과 싸우거나 혹은 도주할 준비를 합니다. 과거에 화가 났거나 걱정했던 순간들을 떠올려 보면 여러분의 신체가 감정에 따라 변했다는 것을 알 수 있을 것입니다. 이러한 신체적 변화들과 그 이유를 다음의 표를 통해 살펴보겠습니다.

신체 반응	이유
땀이 난다. 화장실에 가고 싶다.	빨리 도망가거나 싸울 수 있도록 몸속에 있는 액체를 내보낼 필요가 있다.
빨리/거칠게 숨을 쉰다.	심장과 폐에 더 많은 산소가 필요한데, 이는 근육으로 혈액이 빨리 도달하여 신속하게 행동을 취할 수 있도록 한다.
마비가 오거나 손과 발이 저린다. 현기증이 난다. 불안한 감정이 든다.	싸움에 필요한 힘을 제공하거나 신속하게 달아날 수 있도록 혈액이 손과 발에서 폐와 주요 근육으로 이동한다.
근육이 경직된다. 심장 박동이 빨라진다.	혈액이 신체 내에서 더 빨리 이동한다. 긴장된 근육은 신체를 보다 더 강하게 만들며, 공격자에게 위협적으로 보일 수 있다.

만약 우리가 신체 반응을 경험하지 못한다면, 우리는 신체적 고통과 즐거움 또한 알지 못할 것입니다. 그럴 경우 우리 몸은 심각한 손상을 입을 수도 있습니다. 예를 들어, 부러진 다리로 계속 걷거나 심각하게 머리를 다친 후에도 아픔을 느끼지 못한다면 어떤 일이 벌어질까요? 환자가 의사에게 신체 어느 부위에 치료가 필요한지 말할 수 없으므로 의사는 무엇이 문제인지 파악하기 매우 힘들 것입니다.

신체 반응의 주요 역할은 어떤 문제가 있는지 우리의 뇌에 알려 줌으로써 결국 우리 몸을 지킬 수 있도록 하는 것입니다. 신체 반응은 우리에게 항상 도움을 주는 역할을 합니다. 그것은 전혀 해가 되지 않습니다. 단순히 두통, 어지럼증, 울렁거림과 같은 신체의 반응일 뿐입니다. 그러나 이러한 신체 반응에 어떤 의미를 부여한다면, 우리는 상황을 실제보다 더 위험한 것으로 착각할 수 있습니다. 예를 들어, 막 잠이 들었는데 현관 앞에서 어떤 소리가 나는 것을 들었다고 가정해 봅시다. 여러분은 어떤 사람이 침입한 것으로 생각할 수 있습니다. 그러나 실제로는 고양이가 들어온 것일 수 있습니다.

만약 밤에 자려고 누워 있는데 집에 도둑이 들었다는 생각이 든다면 어떤 신체적 반응들이 나타날지 적어 보세요.

만약 사실을 확인하기 위해 방을 나가 보았을 때 실제로 도둑이 집 안에 있는 것을 발견했다면 우리 신체에 어떤 반응들이 나타날지 적어 보세요.

위의 상황에서 생기는 신체 반응들을 살펴보면서 무엇을 알게 되었나요?

침착해 그리고 진정해

오늘 우리는 신체 반응들을 더 잘 인식할 수 있고, 우리의 신체가 긴장되거나 이완될 때 어떤 물리적 변화들이 생기는지 알 수 있는 활동을 할 것입니다. 이러한 연습은 여러분이 긴장하거나 초조한 기분이 들 때 편안하게 하는 데 도움이 될 것입니다. 이 활동의 또 다른 장점은 긴장된 상황에서 여러분이 이런 기술들을 사용하고 있다는 사실을 다른 사람들은 알아차리지 못한다는 것입니다.

이러한 연습을 통해 효과적으로 긴장을 풀기 위해서는 다음의 규칙을 꼭 지켜야만 합니다. 첫째, 주어진 지시 사항을 그대로 시행해야만 합니다. 그것이 다소 우스꽝스럽게 보여도 말입니다. 둘째, 여러분이 긴장할 때와 편안한 마음일 때 여러분의 신체와 근육이 어떤 느낌인지 집중해서 살펴봐야 합니다. 셋째, 연습해야 합니다. 연습을 많이 할수록 더 편안해질 것입니다. 시작하기 전에 먼저 의자에 가능한 한 편안하게 앉으세요. 등을 기대고, 바닥에 양발을 내려놓으며, 팔을 편안하게 늘어뜨리세요. 이제 두 눈을 감고 제가 말하기 전까지 눈을 뜨지 마세요. 지시 사항을 그대로 따르려고 노력하며 신체 반응에 집중하는 것을 잊지 마세요.

손과 팔

여러분의 왼손에 레몬 하나가 있다고 가정해 봅니다. 이것을 꽉 짜 봅니다. 과즙을 모두 다 짜냅니다. 레몬을 짜낼 때 손과 팔에 꽉 조여짐을 느껴 보세요. 자, 이제 레몬을 놓으세요. 이완할 때 근육의 변화를 느껴 보세요. 이제 또 다른 레몬을 들고 짜 봅니다. 먼저 했던 것보다 더 세게 짜 보세요. 그래요. 정말 세게요. 이제 레몬을 놓고 편안하게 있으세요. 힘을 뺐을 때 손과 팔이 얼마나 편안한지 느껴 보세요. 또 한 번 왼손에 레몬을 들고 과즙을 다 짜 봅니다. 마지막 한 방울도 남기지 말고 세게 짜 봅니다. 잘했어요. 이제 다시 편안히 손에서 레몬을 놓으세요. 이 과정을 오른손으로도 다시 반복해 보세요.

팔과 어깨

털 많고 게으른 고양이가 되어 보세요. 몸을 쭉 뻗고 싶어요. 먼저 양팔을 앞으로 쭉 뻗으세요. 이제는 양팔을 머리 위로 높이 들어 올리세요. 그리고 뒤로 젖히세요. 어깨가 당겨짐을 느껴 보세요. 더 높게 쭉 뻗으세요. 자, 이제 팔을 제자리로 가져와 양옆으로 내려놓으세요. 자, 다시 스트레칭을 합니다. 양팔을 앞으로 쭉 뻗으세요. 머리 위로 높이 올리세요. 이제 뒤로 젖혀 최대한 당기세요. 다시 옆으로 떨어뜨리세요. 잘했어요. 어깨가 이완되는 것을 느껴 보세요. 자, 이번에는 양팔을 정말 강하게 뻗을 거예요. 양팔이 천장에 닿도록 뻗어 보세요. 양팔을 앞으로 쭉 뻗으세요. 머리 위로 아주 높이 올리세요. 이제 뒤로, 더 뒤로 젖혀서 당기세요. 팔과 어깨에서 긴장과 당김을 느껴 보세요. 그대로 유지하세요. 잘 했어요. 이제 팔을 툭 떨어뜨리고 긴장을 푸세요. 얼마나 편안한지 느껴 보세요.

턱

입속에 아주 크고 딱딱한 풍선껌이 있다고 상상해 보세요. 풍선껌을 씹기가 매우 힘들어요. 껌을 씹으세요. 꽉! 목 근육이 도움을 줄 수 있을 거예요. 이제 이완하세요. 턱을 편안히 하세요. 턱을 편안히 제자리로 놓으면 얼마나 편안한지 느껴 보세요. 좋아요. 이제 다시 한 번 딱딱한 풍선껌을 씹을 거예요. 꽉 씹으세요! 꽉 물어 치아 사이로 껌을 밀어내 보세요. 잘했어요. 정말 껌이 찢어지는 것 같네요. 이제 이완하세요. 턱을 편안히 제자리에 놓으세요. 더 이상 풍선껌과 씨름하지 않으니 편안하지요?

얼굴과 코

정말 귀찮은 파리가 왔다고 상상해 보세요. 파리가 코에 앉았어요. 손을 사용하지 않고 파리를 쫓아 보세요. 코를 찡그려 보세요. 할 수 있는 한 많은 주름을 만들어 보세요. 코를 세게 찡그려 보세요. 잘했어요. 파리가 달아났네요. 이제 코를 이완시키세요. 어머! 파리가 다시 날아왔네요. 코의 중간에 앉았어요. 코를 다시 한 번 찡그리세요. 파리를 내쫓으세요. 더 세게 코를 찡그리세요. 가능한 한 힘을 주어 유지하세요. 좋아요. 파리가 날아갔네요. 이제 코를 이완시키세요. 찡그릴 때 코, 뺨, 입, 이마 그리고 눈이 움직인다는 걸 알았나요? 힘도 같이 들어가지요. 따라서 코가 편안해질 때 몸 전체가 편안해지고 기분이 좋아지지요. 이런, 파리가 다시 왔네요. 이번엔 이마에 앉았어요. 가장 많은 주름을 만들어 보세요. 파리를 주름 사이에서 잡아 보세요. 가능한 한 단단하게 유지하세요. 좋아요. 이제 풀어요. 파리가 사라져 버렸네요. 이제는 그냥 긴장을 풀고 편안하게 있어요. 얼굴을 부드럽게 하고 주름을 펴세요. 얼굴이 편안하게 이완됨을 느껴 보세요.

배

귀여운 아기 코끼리를 보고 있다고 상상해 보세요. 이 코끼리는 주위를 살피지 않고 걸어옵니다. 풀 위에 누워 있는 여러분을 보지 못했어요. 코끼리가 막 여러분의 배를 밟으려고 하네요. 움직이지 마세요. 달아날 시간이 없어요. 그냥 그 코끼리가 여러분의 배를 밟고 가도록 해야 합니다. 자, 배에 힘을 줘서 매우 단단하게 만드세요. 배 근육을 단단하게 만들고 유지하세요. 이제 코끼리가 다른 쪽으로 갑니다. 이제 힘을 빼고 편안하게 있으세요. 배를 가볍게 하세요. 최대한 편안하게 있어 보세요. 좋아지는 기분을 느껴 보세요. 어머, 코끼리가 다시 오고 있어요. 준비하세요. 배에 힘을 줘서 단단하게 하세요. 배를 단단하게 하면 코끼리가 밟는다고 하더라도 다치지 않을 거예요. 배를 바위처럼 만드세요. 좋아요. 이제 코끼리가 다른 쪽으로 갑니다. 이제 이완하세요. 몸을 편안하게 하세요. 배를 단단하게 할 때와 이완할 때의 차이를 느껴 보세요. 편안하고 가벼운 느낌, 좋지요? 여러분이 원하는 느낌이 바로 이거 아닌가요?

다리

여러분이 넓은 진흙탕에 맨발로 서 있다고 상상해 보세요. 진흙 안으로 발가락을 깊게 밀어 넣어 보세요. 발을 진흙탕의 바닥에 닿도록 밀어 보세요. 발이 바닥에 닿으려면 다리의 힘이 필요할 거예요. 발을 더 아래쪽으로 밀어 보세요. 발가락을 펴서 발가락 사이로 진흙이 올라오는 기분을 느끼세요. 이제 진흙탕에서 나오세요. 발을 편안하게 하세요. 발가락을 풀고 긴장이 풀리는 기분이 얼마나 좋은지 느껴 보세요. 이제 다시 진흙탕으로 들어가세요. 발가락으로 진흙을 누르세요. 다리의 근육을 사용하여 발이 바닥에 닿을 수 있도록 해 보세요. 발을 힘껏 아래로 밀어요. 진흙 속으로 발을 쑥 밀어요. 좋아요. 이제 다시 거기서 나옵니다. 발의 긴장을 풀고 다리의 긴장을 풀어요. 발가락도 편하게 합니다. 긴장이 풀리니 기분이 좋지요? 나른하고 저릿한 상태를 느껴 보세요.

결론

할 수 있는 한 최대로 편안히 있어 보세요. 몸 전체를 축 늘어뜨리고 근육이 이완됨을 느껴 보세요. 몇 분 뒤에 눈을 뜨라고 지시할 거예요. 그럼 이번 연습은 끝나게 됩니다. 오늘 하루 지내는 동안 긴장이 풀린 기분이 얼마나 좋은지 느껴 보세요. 우리가 이번 연습에서 했던 것처럼 편안함을 느끼기 위해서는 때때로 신체를 긴장시킬 필요가 있어요. 보다 더 편안한 느낌을 갖기 위해 이러한 연습을 매일 반복하세요. 연습하기에 좋은 시간은 어둡고 방해하는 것이 없는 밤이에요. 잠들기 전에 잠자리에서 한번 해 보세요. 숙면에 도움을 줄 거예요. 학교에서도 코끼리나 풍선껌이나 진흙탕을 기억하며 연습을 하세요. 편안함을 느낄 수 있을 거예요. 아무도 알지 못할 거예요. 오늘은 좋은 날이고 여러분은 편안함을 느낄 준비가 되어 있어요. 여러분은 이 연습에 열심히 참여했어요. 무언가를 열심히 할 때는 기분이 좋아지지요. 자, 이제 천천히 눈을 뜨고 약간씩 몸의 근육들을 움직여 보세요. 매우 잘했어요.

Koeppen, A. S. (1974). 'Relaxation Training for Children.' *Elementary School Guidance and Counseling, 9*, pp. 14-21에서 인용.

실험 3.1

이번 활동에서는 신체적 운동의 효과를 보다 더 잘 알기 위한 실험을 하려고 합니다.

자리에서 일어난 후 약 30초에서 1분 동안 제자리에서 달리기를 합니다. 그리고 다음의 질문들에 답해 보세요.

여러분은 지금 어떤 신체 반응/감각을 느끼고 있나요?

심장 박동과 호흡에 대해 무엇을 알 수 있나요?

이 운동을 계속한다면 무슨 일이 생길 것 같나요?

예전에 이런 신체 반응을 경험했을 때에 대해 적어 보세요.

실험 3.2

천천히 그리고 깊게 숨을 들이쉬면서 하나, 둘, 셋 그리고 내쉬면서 하나, 둘, 셋 세어 보세요. 여러분이 지금 잔잔한 파도가 모래를 밀어내는 햇빛 가득한 해변에 있다고 상상해 봅니다. 1분 정도 깊게 숨을 쉬세요. 심호흡을 하면서 배를 올렸다 내렸다 하세요. 여러분의 배가 바다의 조류와 같다고 생각하세요. 천천히 숨을 내쉬면서 파도와 같이 다시 조류가 오는 것을 상상해 보세요.

지금 어떤 신체 반응/감각을 느끼고 있나요?

심장 박동과 호흡에 대해 무엇을 알 수 있나요?

이 운동을 계속한다면 무슨 일이 생길 것 같나요?

예전에 이런 신체 반응을 경험했을 때에 대해 적어 보세요.

'실험 3.1'과 '실험 3.2'는 여러분이 신체 반응에 대해 더 잘 인식할 수 있도록 도움을 주는 활동입니다. 다음 빈칸에 이번 활동을 통해 알게 된 것들을 적어 보세요. 이번 활동을 통해 두려움을 느끼거나 걱정이 생길 때 도움이 될 만한 것들을 배울 수 있었나요?

과제 3: 신체 관찰

얼굴이 붉어진다(홍조).	입이 마른다.	땀이 난다.	몸이 경직된다.
몸을 흔든다.	거칠게 숨을 쉰다(헐떡거린다).	숨이 막히거나 속이 울렁거린다(속이 메스꺼울 때와 같은 증상).	울먹인다(울거나 웃는다).
고통으로 얼굴이 일그러진다.	주먹을 쥔다.	심장이 쿵쾅거린다(맥박 확인).	미소를 짓는다.

이번 주에 여러분의 친구, 가족 및 선생님을 관찰하면서 위의 표 안에 나열된 신체 반응과 연결하여 다음의 빈칸에 적어 보세요.

신체 반응	아동 = C 어른 = A	그때 그들은 무엇을 했나요?
예: 얼굴이 붉어졌다.	A	학교에서 못된 장난을 치는 아이들에게 소리를 질렀다.

SESSION 0**4**

생각 분별하기

목표

- 생각을 분별하는 것을 돕는다.
- 생각이 감정과 행동에 미치는 영향을 배운다.

준비물

의자, 연필, 108쪽 활동을 위한 종이를 넣을 작은 상자

주제 및 회기 진행을 위한 팁

* 표시가 되어 있는 활동은 반드시 진행한다.
그 외의 활동은 집단의 진행 상황에 따라 자유
롭게 선택할 수 있다. 때로 시간이 충분하지 않
을 수도 있으나 집단원의 적극적인 참여를 위해
프로그램에서 '흥미'를 잃지 않도록 하는 것이
중요하다.

Short Session

활동	설명
* 피드백	집단원과 인사를 나누고 회기의 주제를 이야기한다. 한 주 동안 지낸 이야기를 나눈다.
* 과제 검토하기	집단 리더는 자세한 검토를 위해 과제를 제출하도록 하며, 제출한 과제는 다음 회기나 프로그램이 종료할 때 돌려준다. 지난주 과제에 대해 이야기하는 시간을 갖는다.
생각 속삭이기 게임	생각이 어떻게 잘못 해석될 수 있는지 경험할 수 있는 재미있는 활동이다. 집단 리더는 게임의 원만한 진행을 위해 먼저 간단한 문장을 준비한다.
* 생각이란	어떤 집단원은 읽는 것에 더 몰두할 수 있다. 그러나 이 때문에 회기 시간이 지연되지 않도록 유의한다.
* 생각 풍선 채우기	각 집단원은 페이지에 나온 다양한 인물의 생각들에 대해 이야기하는 시간을 갖는다.
* 다양한 생각	다른 집단원이 어떻게 생각하는지를 신경 쓰기보다 자신의 다양한 생각을 기록하게 한다. 다른 집단원의 생각이라고 적은 것은 사실 스스로의 생각이나 신념과 밀접한 연관이 있는 경우가 많다. 필요하다면 집단원과 개별적으로 확인해 볼 수도 있다. 집단원에게 자신이 기록한 한두 가지 생각에 대해 이야기해 보도록 할 수 있다. 각자 적은 내용을 나누는 것은 서로의 사고방식이 얼마나 유사한지 혹은 얼마나 다른지 확인하는 데 도움이 된다. 생각하는 데 있어서 옳거나 그른 방식은 없다. 생각은 단지 생각일 뿐이다.

* 생각-기분 연결	생각과 감정 사이의 연결을 보여 준다. 상처를 주는 말 혹은 불친절한 말의 표적이 되는 친구들의 기분을 공감할 수 있게 해 준다. 우리는 생각을 통해 스스로에게 "너는 멍청하고 이상해."와 같은 불쾌한 메시지를 전달할 때가 많다. 이러한 사실을 집단원에게 알려 주는 것도 유용하다. 자신에 대해 이렇게 불쾌한 생각을 할 때 어떤 기분을 느끼는지 질문한다. 메시지는 익명으로 작성하며, 특정 집단원에 대한 개인적인 생각을 표현하는 시간이 아님을 분명하게 알려 준다.
* 생각 찾기의 예시	제시된 내용을 집단원에게 읽어 주고, 예시에 대해 어떻게 생각하는지 물어본다. 집단원이 표정, 기분 그리고 생각을 연결시키도록 이끌어 준다. 예를 들어, "이 아이의 기분이 어때 보이니?" "네가 이런 생각을 하게 된다면 기분이 어떨 것 같지?"와 같은 질문을 한다.
* 생각 찾기	집단에서 자신의 생각을 나눌 수 있도록 격려하는 것은 좋으나 강요해서는 안 된다. 개인적인 이야기를 안심하고 나눌 수 있도록 집단 내 비밀 보장의 중요성에 대해 다시 한 번 언급하는 것도 좋다.
* 과제 4: 생각 찾기	이번 과제는 생각을 찾는 데 도움이 된다. 생각을 찾는 것만으로도 자신이 느끼는 감정에 큰 변화를 줄 수 있다. 집단원은 구체적인 생각을 찾는 활동을 통해 자신의 생각을 분별하고, 그에 따른 감정을 확인할 수 있다.

Long Session

이야기를 나누는 데 더 많은 시간을 할애할 수 있다. '생각 속삭이기 게임'을 포함시키거나, 생각 풍선이 있는 만화를 보여 줄 수도 있다. 또한 비디오나 DVD를 통해 생각에 대한 예를 살펴볼 수 있다. 예를 들어, Workbook Publishing(www.workbookpublishing.com)에서 Coping Cat 시리즈(Kendall) 비디오 자료를 받을 수 있다. 생각에 대한 좋은 예를 보여 주는 영화를 이용하는 것도 한 방법이다. 예를 들어, 멜 깁슨이 주연한 〈왓 위민 원트(What Women Want)〉라는 영화에서 세일즈 담당자로 등장하는 주인공은 갑작스러운 사고를 당한 후 여성들의 생각을 들을 수 있게 된다. 이 영화는 그가 여성들의 생각을 듣게 되면서 그의 감정, 행동 그리고 여성에 대한 태도가 어떻게 바뀌어 가는지 보여 준다(이 영화는 15세 관람가이므로 영화의 일부만 시청한다 하더라도 부모의 동의가 필요하다). 어떤 프로그램에서는 집단원에게 유명한 캐릭터(도날드 덕, 슈퍼맨 등)를 제시하고, 그 캐릭터의 다양한 생각을 찾아보거나 추측해 보는 게임을 진행했다. 예를 들어, "별일 없어?(What's up, Doc?)"와 "나는 당근을 좋아해(I love carrots)."라는 생각을 벅스 버니와 연결시키고, "나는 항상 거미줄에 살아."와 "나는 영웅이야."라는 생각은 스파이더맨과 연결시킬 수 있다. 이 게임은 아동들이 매우 좋아하는 것으로 사람들이 모두 자기 자신에 대해 다양한 생각을 가지고 있음을 알도록 하는 데 도움이 된다.

Notes

이번 회기의 목표는 집단원이 자신의 생각을 인식하도록 돕는 것이다. 집단원에게 어떤 이미지나 머릿속에 떠오른 그림으로도 생각을 나타낼 수 있음을 알려 준다. 어떤 집단원은 자신의 생각을 그림으로 표현하고 싶어 할 것이다. 이 또한 좋은 방법이 될 수 있다.

생각 속삭이기 게임

- 모든 집단원이 원 모양으로 둘러앉습니다.
- 한 집단원이 짧은 문장이나 생각을 옆자리에 있는 집단원에게 귓속말로 전해 줍니다.
- 귓속말을 들은 집단원은 다음 집단원에게 자신이 들은 것을 귓속말로 전달합니다. 이와 같은 방법으로 처음의 문장이나 생각이 한 바퀴 돌면서 전달됩니다.
- 마지막 집단원은 자신이 들은 것이 무엇인지를 말합니다.

- 이것은 생각을 전달하는 것이 어떻게 오해를 불러일으키는지 보여 주는 재미있는 게임입니다.
- 사람들은 상대방이 정확히 무엇을 말했는지보다 자신들이 듣고 싶어 하는 것을 들으려는 경향이 있습니다.

생각이란

아동, 성인 그리고 심지어 어린 영아에 이르기까지 모든 사람은 생각을 합니다. 생각은 우리의 머릿속에서 끊임없이 계속됩니다. 어떤 생각은 단어나 문장의 형태로 나타나고, 어떤 생각은 그림이나 꿈과 같은 형태로 나타납니다. 예를 들어, 우리는 자신에 대해 '나는 정말 대단해.', 다른 사람에 대해 '나는 그 애가 싫어.' 그리고 주변 환경에 대해 '우리 학교는 진짜 좋아.' '이 세상은 위험한 곳이야.'와 같은 생각들을 합니다. 사람들은 모두 다르기 때문에 생각들도 모두 다릅니다.

우리의 생각은 감정과 행동에 영향을 미칩니다. 어떤 생각은 우리를 화나게 하고, 슬프게 하며, 걱정을 안겨 주기도 합니다. 예를 들어, '나는 못생겼어. 아무도 나를 좋아하지 않아.' 또는 '아무도 나를 팀원으로 뽑지 않을 거야.'와 같은 생각은 좋지 않은 감정들을 초래합니다. 반면, '나는 학교에서 제일 똑똑해. 그래서 모두 나를 좋아할 거야.' 또는 '나는 오늘 밤에 친구와 운동하러 갈 거야.'와 같은 생각은 우리를 행복하고 즐겁게 만듭니다.

생각에는 좋은 생각과 나쁜 생각이 있다고 믿는 사람들이 많습니다. 그러나 사실 생각은 그냥 생각일 뿐입니다. 중요한 것은 우리의 행동입니다. 다음의 예에서 잭과 케이터는 모두 화가 나 있습니다. 여러분의 생각에는 둘 중 누가 곤경에 빠질 것 같습니까?

잭은 너무 화가 나서 여동생을 때리려고 생각하다가 그만두고 대신 밖에 나가 뛰기로 결심했다.

케이티는 남동생이 밉다고 생각해서 남동생이 좋아하는 컴퓨터 게임을 망가뜨렸다.

우리는 우리의 생각이 무엇인지 인식할 때도 있지만, 대부분의 경우 우리의 생각을 알아차리지 못하고 지냅니다. 잠깐 멈추고 우리의 생각이 무엇인지 귀 기울여 들으면 우리 자신과 우리의 감정에 대해 많은 것을 알 수 있습니다. 이번 회기에서 여러분은 생각이 무엇인지 배우고, 생각을 찾는 방법을 통해 여러분 자신에 대해 더 많은 것을 알게 될 것입니다.

생각 풍선 채우기

다양한 생각

우리의 마음속에는 항상 다양한 생각이 돌아가고 있습니다. 그중에 어떤 생각들은 우리를 행복하게 만드는 반면, 어떤 생각들은 우리를 화나게, 슬프게 혹은 무섭게 만들기도 합니다. 다음에 제시된 다양한 상황에서 어떤 생각들이 가능한지 적어 보세요.

자신에 대한 생각

행복한 생각	슬프고, 걱정되고, 화나는 생각

자신의 학교에 대한 생각

행복한 생각	슬프고, 걱정되고, 화나는 생각

집에 대한 생각

행복한 생각	슬프고, 걱정되고, 화나는 생각

생각-기분 연결

- 집단원은 원 모양으로 둘러앉은 후 모두 작은 종이를 두 장씩 갖습니다.
- 한 종이에는 다른 집단원의 기분을 좋게 만들어 줄 수 있는 문장을 적습니다. 예: '나는 너의 미소가 좋아.' '너와 함께 있을 때 즐겁고 유쾌해.'
- 다른 한 종이에는 무례하고 상대방을 무시하는 말을 적습니다. 예: '너는 못됐어.' '너는 정말 못생겼어.'
- 익명의 메시지가 적힌 종이를 모두 접어서 준비된 통이나 상자에 넣습니다.
- 집단원은 통에서 임의로 두 개의 종이를 뽑습니다.
- 각 집단원은 옆자리에 앉은 집단원을 쳐다보며 종이에 적힌 메시지를 읽습니다.
- 실제로 이런 말들을 들었을 때 어떤 기분을 느낄지 또 어떤 행동을 하게 될지 이야기해 봅니다.

생각 찾기의 예시

지금까지 생각과 감정의 관계에 대해 알아보았습니다. 이제 다음에 제시된 각각의 상황에서 케이티와 해리의 생각과 기분이 어떤지 살펴보세요. 각자의 생각이 표정과 기분에 어떤 영향을 미치는지 알아봅시다.

무슨 일이야? 영어 선생님이 나에게 친구들 앞에서 큰 소리로 책을 읽어 보라고 하셨어.
나의 표정은 어떤가?

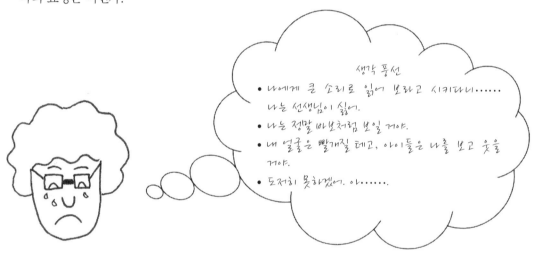

생각 풍선
- 나에게 큰 소리로 읽어 보라고 시키다니……
  나는 선생님이 싫어.
- 나는 정말 바보처럼 보일 거야.
- 내 얼굴은 빨개질 테고, 아이들은 나를 보고 웃을
  거야.
- 도저히 못하겠어. 아……

무슨 일이야? 프레드가 운동장에서 나를 밀어서 넘어뜨렸어.
나의 표정은 어떤가?

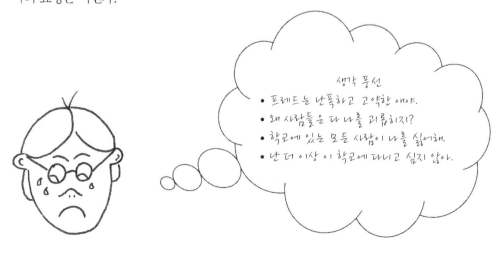

생각 풍선
- 프레드는 난폭하고 고약한 애야.
- 왜 사람들은 다 나를 괴롭히지?
- 학교에 있는 모든 사람이 나를 싫어해.
- 난 더 이상 이 학교에 다니고 싶지 않아.

생각 찾기

여러분 자신의 생각을 감정과 연결하여 보세요. 과거나 현재에 여러분을 불행하게, 화나게 또는 무서워하게 만들었던 일들을 떠올린 후 '무슨 일이야?' 옆에 적어 보세요. 이때 든 생각을 생각 풍선에 적거나 그려 보세요. 마지막으로 '나의 표정은 어떤가?' 다음의 해당 생각이 여러분의 기분을 어떻게 만들었는지 표정을 통해 나타내 보세요. 여러분 자신에게 일어났던 일이 생각나지 않으면 친구나 가족의 일을 적어도 됩니다.

무슨 일이야? _____

나의 표정은 어떤가?

무슨 일이야? _____

나의 표정은 어떤가?

과제 4: 생각 찾기

지난 회기에서 우리는 생각을 찾는 것에 대해 배웠습니다. 과제를 통해 다시 한 번 연습해 봅시다. '무슨 일이야?' 옆에 여러분을 불행하게, 화나게 또는 무서워하게 만들었던 사건들을 적으세요. 그리고 그때 든 생각을 생각 풍선에 적거나 그려 보세요. 마지막으로 '나의 표정은 어떤가?' 다음에 그 당시의 표정을 그려 보세요. 원한다면 친구나 가족의 일을 기록해도 좋습니다.

무슨 일이야? _____

나의 표정은 어떤가?

생각 풍선

무슨 일이야? _____

나의 표정은 어떤가?

생각 풍선

SESSION 0**5**

생각, 감정, 신체 반응 및 행동 간의 관계

목표

- 생각, 감정, 신체 반응 및 행동 간의 관계를 이해한다.
- 이전 회기의 활동들을 활용한다.
- 생각, 감정, 신체 반응 및 행동의 변화가 서로 어떤 영향을 주는지 관찰한다.
- 집단 안에서 자신과 타인의 유사점과 차이점을 알아본다.

준비물

- 의자, 연필, 홀라후프, 쿨–커넥션 게임용 큰 종이 4장('생각' '감정' '신체 반응' '행동' 라벨이 개별적으로 부착된 종이)

주제 및 회기 진행을 위한 팁

* 표시가 되어 있는 활동은 반드시 진행한다. 그 외의 활동은 집단의 진행 상황에 따라 자유롭게 선택할 수 있다. 때로 시간이 충분하지 않을 수도 있으나 집단원의 적극적인 참여를 위해 프로그램에서 '흥미'를 잃지 않도록 하는 것이 중요하다.

Short Session

활동	설명
* 피드백	집단원을 반갑게 맞이한 후 이번 회기에 대한 주제를 이야기한다. 지난 일주일을 어떻게 지냈는지 이야기를 나눈다.
* 과제 검토하기	집단 리더는 자세한 검토를 위해 과제를 제출하도록 하며, 제출한 과제는 다음 회기나 프로그램이 종료할 때 돌려준다. 지난주 과제에 대해 이야기하는 시간을 갖는다.
후프 놀이	회기를 본격적으로 진행하기 전 재미있는 준비 활동이 될 수 있다.
* 젠에서 온 조그	이 이야기는 집단원에게 인지 모델(생각, 감정, 신체 감각 및 행동 간의 관계)에 대한 이해를 돕도록 만들어졌다. 어떤 집단원은 읽는 것에 더 몰두할 수 있다. 그러나 이 때문에 회기 진행이 지연되지 않도록 유의한다.
* 우리의 행동	자신의 감정과 행동 사이의 연관성을 찾는 활동이다.
* 다양한 관계	집단원에게 내용을 읽어 주거나 개별적으로 읽게 한 후 부연 설명을 한다.
* 쿨-커넥션의 예시	리더는 123쪽에 있는 예시를 보여 준다. 집단원에게 이와 유사하거나 다른 감정, 신체 반응, 생각 등을 경험했는지 질문을 한다.
* 나의 쿨-커넥션	자신이 공포나 슬픔을 느낀 때를 생각해 내지 못한다면 부모님이나 친구들에 대해 쓰게 한다. 정답은 없다는 것을 말해 준다. 원한다면 자신의 사례를 발표할 수 있으며, 원하지 않으면 발표하지 않아도 된다.
쿨-커넥션 게임	127쪽에 제시된 문장들을 사용하거나 직접 만들어서 사용할 수 있다.

* 과제 5a: 스피드 퀴즈	지금까지 배운 활동을 보완하기 위한 것이다. 이 과제를 통해 리더는 집단원이 인지 모델(생각과 감정 사이의 관계)을 얼마나 잘 이해하고 있는지 파악할 수 있다.
* 과제 5b: 쿨-커넥션	과제 내용에 관한 비밀은 유지될 것이며, 동의 없이 집단에서 나눌 수 없다는 사실을 알려 준다.

Long Session

각각의 활동에 더 많은 시간을 할애할 수 있고 '후프 놀이'와 '쿨-커넥션 게임'을 포함시킬 수 있다. 생각과 감정의 관계에 대한 이해를 돕기 위해 비디오나 DVD를 활용한다(새로운 정보를 얻었을 때 등장인물의 행동이 어떻게 변하는지 보여 주는 영상물). 예를 들어, 참여자들이 남자 아동들일 경우 〈베스트 키드(The Karate Kid)〉라는 영화를 사용할 수 있다. 영화에서 스승이 담장 페인트칠, 마룻바닥 청소 또는 자동차 왁스칠을 시킬 때 어린 학생인 주인공은 화를 낸다. 그러나 그동안 했던 일들을 통해 가라데 기술을 연마할 수 있었다는 것을 깨달았을 때, 주인공의 기분과 행동은 완전히 달라지게 된다.

Notes

이번 회기의 목적은 생각, 감정, 신체 반응 및 행동을 인식하고 이들 간의 연관성에 대해 알아보는 것이다. 만일 집단원이 자신의 이야기를 서로 나누고, 개인적인 생각, 감정 등을 기꺼이 활동지에 적을 준비가 되어 있다면 더 효과적일 것이다. 그러나 자신의 생각, 감정, 신체 반응과 행동을 알아차리고 이들 간의 관계를 인식하는 것만으로도 감정을 표현하는 능력을 키우는 데 도움이 될 것이다. 집단원은 연습을 통해 자신의 감정에 대해 설명할 수 있으며, 다른 사람들의 정서적인 경험을 더 잘 이해하게 되는 효과를 얻게 된다.

후프 놀이

집단원은 모두 원형으로 둘러섭니다. 옆에 있는 집단원의 손이나 팔을 붙잡아 서로 연결되게 합니다. 먼저 한 집단원이 자신의 몸에 후프를 겁니다. 이 활동의 목적은 손을 사용하지 않고, 집단원 사이의 연결을 끊지 않으면서 옆 사람에게 후프를 전달하는 것입니다.

후프 게임은 다음과 같은 정보를 줍니다.

- 다른 사람의 도움을 받을 때 문제가 더 쉽게 해결될 수 있다.
- 서로 연결이 되어 있는 상황에서 한 부분이 움직이면 다른 부분 또한 영향을 받는다.

젠에서 온 조그

이번 회기에서는 생각, 감정, 신체 반응 및 행동이 모두 어떻게 연결되어 있는지 살펴볼 것입니다. 다음의 이야기를 잘 들어보세요.

조그는 '젠'이라 불리는 행성에서 살고 있는 외계인이다. 생일을 맞은 아침, 조그는 매우 들뜬 기분으로 눈을 떴다. 조그는 몸을 들썩였고, 배 속은 따뜻한 느낌이었다. "오늘은 파티를 할 거니까 굉장한 날이 될 거야. 모든 친구들이 올 거야. 나는 생일을 좋아해."라고 혼잣말을 했다. 조그는 빨리 침대에서 일어나 옷을 입고, 마을 광장에 있는 파티 장소로 갔다.

이제 조그의 생각, 감정, 신체 반응 그리고 행동이 어떻게 연결되었는지 살펴봅시다. 이들 모두는 서로 영향을 주고 있습니다.

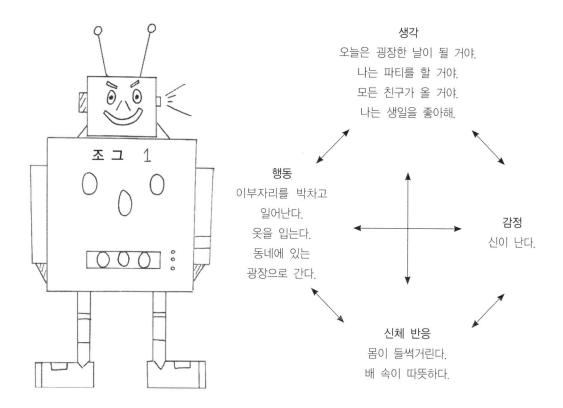

생각
오늘은 굉장한 날이 될 거야.
나는 파티를 할 거야.
모든 친구가 올 거야.
나는 생일을 좋아해.

행동
이부자리를 박차고
일어난다.
옷을 입는다.
동네에 있는
광장으로 간다.

감정
신이 난다.

신체 반응
몸이 들썩거린다.
배 속이 따뜻하다.

조 그 1

파티 시간이 다가오는데, 외계인 친구들이 한 명도 오지 않았다. 조그는 창밖을 바라보았지만, 친구들을 단 한 명도 볼 수 없었다. 시간이 갈수록 조그는 슬퍼지고 걱정이 되기 시작했다. 입은 점점 마르기 시작했고 목은 메어 왔다. 조그의 속은 메스껍기 시작했고 심장은 쿵쾅거렸다. '어떻게 하지? 애들이 내 생일을 다 잊어버렸나?' '친구들이 나를 좋아하지 않나 봐.' '나는 친구가 하나도 없는 아이인 것 같아.'라고 생각했다. 조그는 앉아서 머리를 손으로 감싸고 울기 시작했다.

이제 여러분이 다음의 빈칸을 완성해 볼까요?

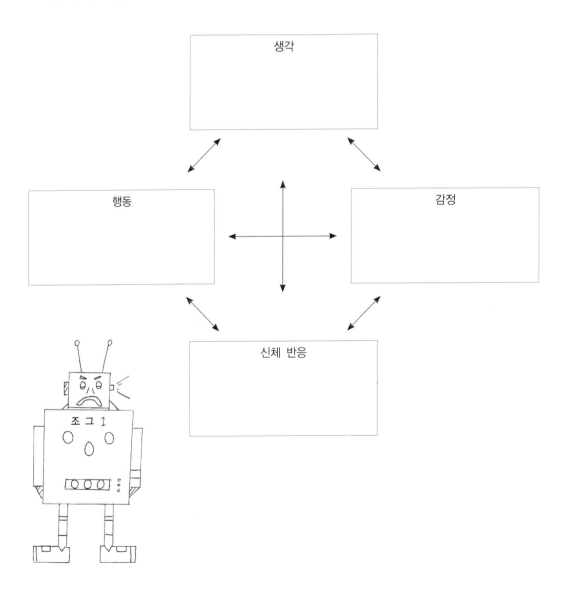

조그의 생각, 감정, 신체 반응과 행동은 모두 달라졌다. 또한 그는 걱정을 하고 슬픈 생각을 할수록 더 화가 났다.

잠시 후, 조그는 집으로 돌아왔다. 집에 들어오자마자 그의 친구들은 그의 이름을 부르며 "생일 축하해."라고 말하고 노래를 불러 주었다. 이때 조그는 슬프고 걱정스러웠던 기분이 사라지고 행복해졌다. 그의 뱃속은 편해졌고 몸도 편안해졌다. 조그의 생각도 바뀌었다. '모두들 나를 기억했구나.' '내 친구들이 나에게 관심을 가지고 있어.' '나는 생일을 좋아해.'라는 생각이 들었다. 조그는 웃으며 신이 나서 팔짝팔짝 뛰었다.

조그의 생각, 감정, 신체 반응 그리고 행동이 이제 어떻게 바뀌었는지 알아봅시다.

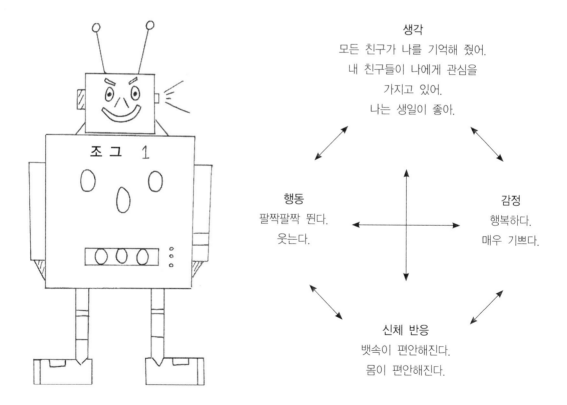

Friedberg, R. D. et al. (2001). 'Diamond Connections.' In *Therapeutic Exercises for Children: Guided Self-Discovery using Cognitive-Behavioral Techniques* (pp. 8-11)에서 인용. Copyright 2001 Professional Resource Exchange, Inc., Sarasota, Fl. Adapted with permission.

우리의 행동

우리의 감정이 우울할 때는 항상 즐겁게 했던 일도 더 이상 재미있지 않을 수 있습니다. 이런 감정이 생기면 우리는 일을 빨리 포기하거나, 가족 또는 친구들과 자주 부딪힐 수 있습니다. 우리가 두려움을 느낄 때는 밤에 악몽을 꾸거나, 사람들 사이에서 더 위축된 행동을 하기도 합니다. 또한 개 혹은 학교와 같은 두려워하는 대상으로부터 거리를 두게 될 수도 있습니다. 여러분은 슬프거나 두려운 감정이 생길 때 어떤 행동을 하는지 적어 보세요.

여러분이 슬플 때 하게 되는 행동들을 글로 설명하거나 그림으로 나타내 보세요.

여러분이 두려울 때 하게 되는 행동들을 글로 설명하거나 그림으로 나타내 보세요.

다양한 관계

사람들의 감정은 쉽게 변할 수 있습니다. 예를 들어, 행복하고 고요했다가도 어느 순간 갑자기 화가 나고 절망할 수 있습니다. 우리의 뇌는 우리의 생각, 감정, 신체 반응 및 행동을 서로 연결해 주는 매우 빠른 소통 시스템을 가지고 있기 때문입니다.

상황

한 아이가 학교 복도에서 당신과 부딪쳤다. 같은 상황인데도 사람의 생각과 감정에 따라 반응이 어떻게 다를 수 있는지 알아보자.

화가 난다

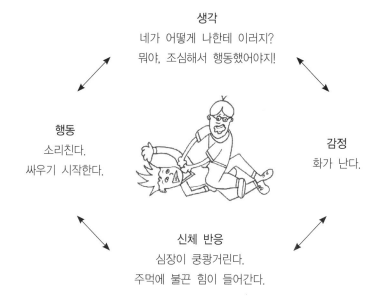

생각
네가 어떻게 나한테 이러지?
뭐야, 조심해서 행동했어야지!

감정
화가 난다.

신체 반응
심장이 쿵쾅거린다.
주먹에 불끈 힘이 들어간다.

행동
소리친다.
싸우기 시작한다.

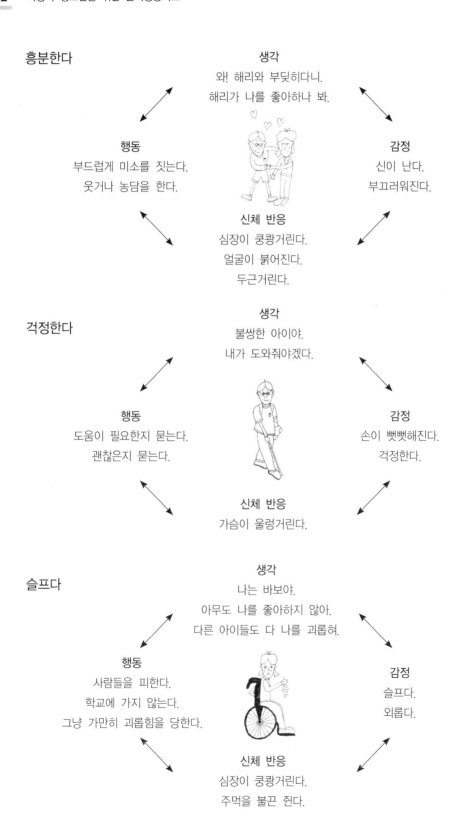

흥분한다

생각
와! 해리와 부딪히다니.
해리가 나를 좋아하나 봐.

행동
부드럽게 미소를 짓는다.
웃거나 농담을 한다.

감정
신이 난다.
부끄러워진다.

신체 반응
심장이 쿵쾅거린다.
얼굴이 붉어진다.
두근거린다.

걱정한다

생각
불쌍한 아이야.
내가 도와줘야겠다.

행동
도움이 필요한지 묻는다.
괜찮은지 묻는다.

감정
손이 뻣뻣해진다.
걱정한다.

신체 반응
가슴이 울렁거린다.

슬프다

생각
나는 바보야.
아무도 나를 좋아하지 않아.
다른 아이들도 다 나를 괴롭혀.

행동
사람들을 피한다.
학교에 가지 않는다.
그냥 가만히 괴롭힘을 당한다.

감정
슬프다.
외롭다.

신체 반응
심장이 쿵쾅거린다.
주먹을 불끈 쥔다.

쿨-커넥션의 예시

무슨 일이 일어났지?

우리 부모님이 어제 밤에 큰 소리로 싸우셨다. 엄마가 문을 꽝 닫고 나가 버리셨다.

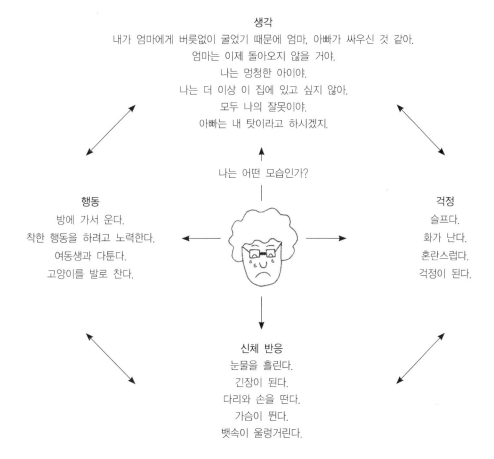

생각
내가 엄마에게 버릇없이 굴었기 때문에 엄마, 아빠가 싸우신 것 같아.
엄마는 이제 돌아오지 않을 거야.
나는 멍청한 아이야.
나는 더 이상 이 집에 있고 싶지 않아.
모두 나의 잘못이야.
아빠는 내 탓이라고 하시겠지.

나는 어떤 모습인가?

행동
방에 가서 운다.
착한 행동을 하려고 노력한다.
여동생과 다툰다.
고양이를 발로 찬다.

걱정
슬프다.
화가 난다.
혼란스럽다.
걱정이 된다.

신체 반응
눈물을 흘린다.
긴장이 된다.
다리와 손을 떤다.
가슴이 뛴다.
뱃속이 울렁거린다.

이 상황을 보면, 케이티가 지난밤 부모님이 싸우신 것에 대해 매우 속상해한다는 것을 알 수 있습니다. 케이티의 생각, 감정, 신체 반응 그리고 행동이 서로 어떻게 연결되어 있는지 보았나요? 케이티는 부모님이 싸우셔서 많이 속상해하고 있습니다. 그러나 케이티는 위의 빈칸들을 다 채울 때까지 어떤 생각과 신체 반응이 자신을 불행하게 만들고, 또한 다른 사람들에게 화풀이를 하게 만드는지 알아차리지 못했습니다. 완성된 표를 보면서 케이티는 자신이 처한 상황을 다른 관점에서 보게 되었고, 자신의 감정에 대해 더 정확하게 알 수 있게 되었습니다.

나의 쿨-커넥션

이제 여러분의 차례입니다. 빈칸을 완성하기 전에 여러분이 놀랐던 순간과 슬펐던 순간을 생각해 보세요. 다음 그림의 가운데에 그 순간 여러분의 얼굴 표정이 어땠는지 그려 본 다음 사이클을 완성해 봅니다.

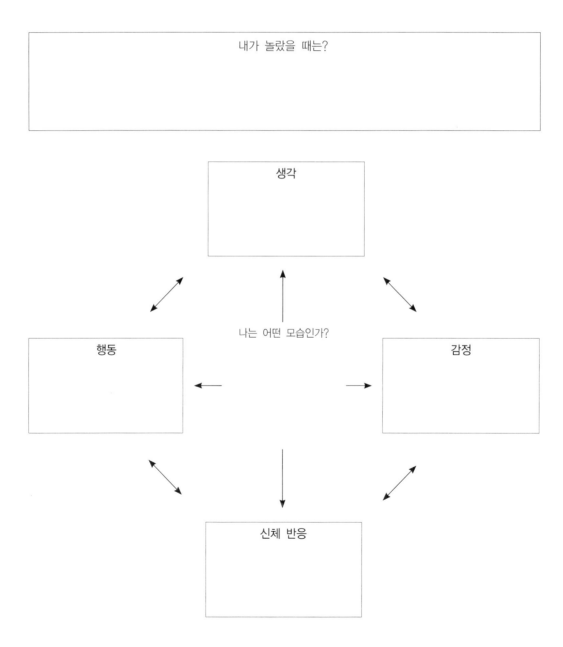

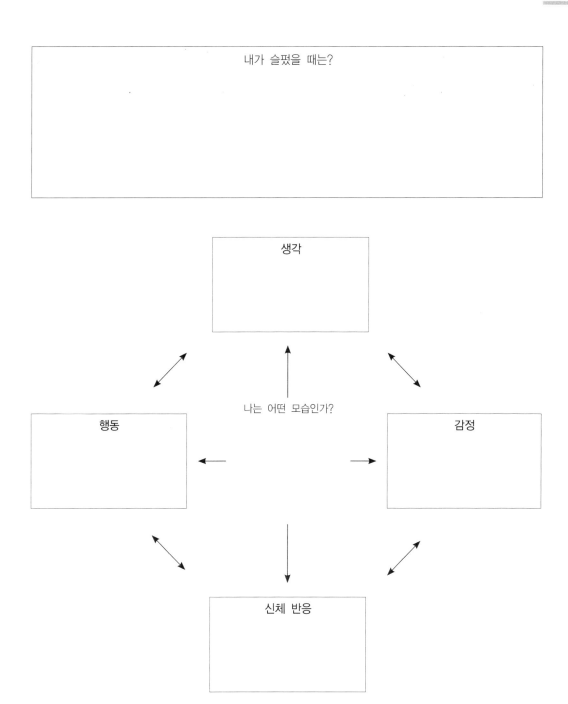

쿨-커넥션 게임

다음의 게임은 여러분의 생각, 감정, 신체 반응 그리고 행동이 서로 어떻게 연결되어 있는지를 알려 주는 활동입니다.

게임 방법

• 네 장의 종이나 카드를 준비한 후 다음의 단어들을 종이에 각각 적으세요.

  생각, 감정, 신체 반응, 행동

• 각각의 종이를 방 안의 네 벽면에 각각 붙입니다.

• 먼저 진행자가 어떤 문장을 읽습니다. 집단원은 그 문장을 듣고 생각, 감정, 신체 반응, 행동 중 해당되는 영역으로 달려가야 합니다. 예를 들어, 진행자가 '메리는 매우 슬프다.'라고 읽는다면, 집단원은 '감정'이라고 쓰인 종이가 붙어 있는 벽면으로 달려갑니다.

게임

- 쿨-커넥션 프로그램은 우리를 매우 행복하게 만든다.

- 학교에서 몇몇 남자애들이 내가 점심을 사 먹으려고 했던 돈을 가져갔다. 나는 '내 돈에 손을 대다니! 선생님에게 얘기해야지.'라고 생각했다.

- 치과 검진을 받으러 갔는데, 의사선생님께서 치아 드릴을 꺼내셨다. 나의 심장은 쿵쾅거리기 시작했다.

- 한 할머니가 침실에서 거미를 발견하셨다. 할머니는 너무 놀라 소리를 지르며 방에서 나오셨다.

- 동물원 우리에 있던 사자가 도망을 쳤다. 나는 너무 두려워 극심한 공포를 느꼈다.

- 한 경비원이 젖은 바닥에 미끄러지며 '도와주세요. 도와주세요. 도와주세요.'라고 생각했다.

- 한 학생이 학교에서 껌을 씹은 뒤 의자에 붙였다. 그 순간 선생님이 자신을 보고 있다는 사실을 알아차리고 갑자기 속이 울렁거렸다.

- 한 소년은 불량배가 자신을 향해 다가오는 것을 보고 도망쳤다.

- 한 학생은 곧 보게 될 수학 시험 때문에 짜증이 났다.

- 아이들은 함께 즐겁게 논 다음 '이 게임을 다시 하고 싶다.'라고 생각했다.

과제 5a: 스피드 퀴즈

다음의 표에 나오는 각 문장이 생각, 감정, 신체 반응, 행동 중 어느 것에 해당되는지 체크해 보세요.

	생각	감정	신체 반응	행동
'친구들과 떨어져 있는 건 싫어.'				
몸이 떨린다.				
공을 찬다.				
피곤하다.				
'나는 팝송을 정말 좋아해.'				
'또 이런 기분이 들다니.'				
화가 난다.				
울렁거린다.				
어지럽다.				
담장을 넘는다.				
짜증이 난다.				
'저 선생님 참 멋지다.'				
달린다.				
축구를 한다.				
'손가락이 따끔거려.'				
땀이 난다.				
'나는 내 옷이 마음에 들어.'				
걱정이 된다.				
'아, 정말 화가 나네……. 도저히 참을 수 없어.'				
속이 상한다.				

과제 5b: 쿨-커넥션

이번 주에 강한 감정을 느꼈던 순간을 떠올려 보고, 다음의 빈칸들을 채워 봅니다. 걱정되거나, 속상하거나, 화나거나, 슬펐던 때를 떠올리세요. 사이클을 완성하기 전에 빈칸에 어떤 일이 있었는지 간단하게 적어 보세요(예: 친구가 학교에서 나를 괴롭혔다, 우리 엄마가 나를 혼냈다). 그때 나의 표정이 어땠는지 다음 그림의 가운데에 그려 보세요.

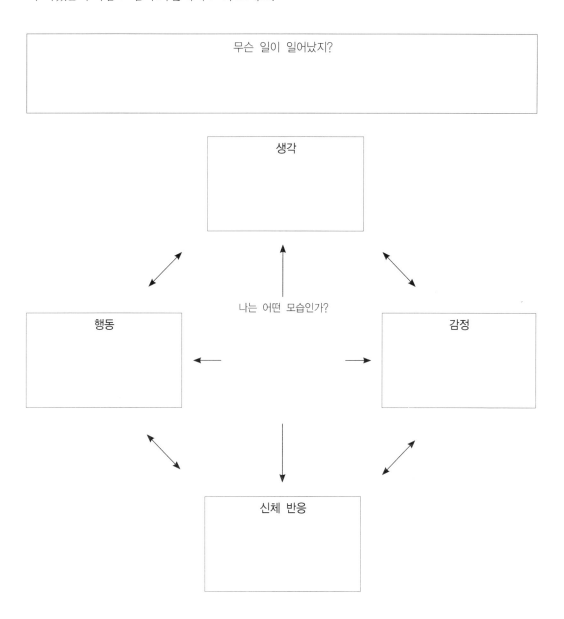

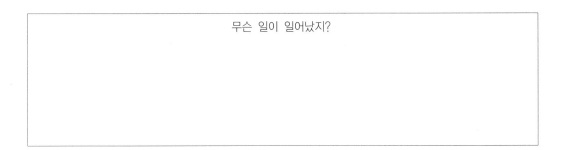

무슨 일이 일어났지?

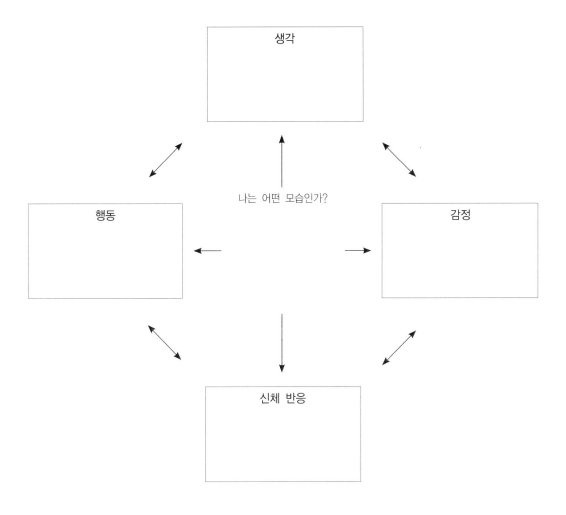

생각

나는 어떤 모습인가?

행동

감정

신체 반응

SESSION 06

생각의 유형

목표

• 다양하게 생각하는 방법을 알아보고, 이러한 생각들이 어떻게 우리의 감정과 행동에 영향을 미치는지 배운다.

• 우리를 자극하는 생각들을 더 잘 이해하는 데 도움이 되는 질문들에 대해 배운다.

준비물

의자, 연필, 138쪽을 연습하기 위한 모자(필수는 아님), 손 인형 또는 손가락 인형 세트

주제 및 회기 진행을 위한 팁

* 표시가 되어 있는 활동은 반드시 진행한다. 그 외의 활동은 집단의 진행 상황에 따라 자유롭게 선택할 수 있다. 때로 시간이 충분하지 않을 수도 있으나 집단원의 적극적인 참여를 위해 프로그램에서 '흥미'를 잃지 않도록 하는 것이 중요하다.

Short Session

활동	설명
* 피드백	집단원과 인사를 한 다음 회기의 주제를 나눈다. 한 주 동안 지낸 이야기를 간단히 나눈다.
* 과제 검토하기	집단 리더는 자세한 검토를 위해 과제를 제출하도록 하며, 제출한 과제는 다음 회기나 프로그램이 종료할 때 돌려준다. 지난주 과제에 대해 이야기하는 시간을 갖는다.
매듭 만들기	회기를 즐겁게 시작할 수 있는 활동이다. 만약 집단원이 손잡는 것을 주저한다면 점퍼의 소매 또는 손목을 잡을 수도 있다.
* 아름다운 할머니	집단원이 그림에 대해 이야기하도록 격려한다. 그림에는 정답이나 오답이 없다. 흥미롭게도 집단원은 각자 그림에 대해 다른 시각을 갖는다. 부정적으로 생각하는 집단원은 종종 노파를 먼저 인식하며, 마주보는 얼굴들이 공격적이라고 생각했다. 반면, 긍정적으로 생각하는 집단원은 아름다운 여인을 먼저 발견하고, 마주보는 얼굴들을 연인 또는 친구라고 여기는 경향을 보였다.
* 너는 낙천주의자니	집단원이 빈칸에 적은 인물들의 역할을 맡도록 한다. 또한 본인의 이름을 어느 칸에 적을지 생각할 시간을 갖는다.
* 우울한 생각	지금까지 이 활동은 자기 자신에 대해 불행하다고 느끼는 집단원이 더 잘 수행하는 것으로 나타났다. 리더는 우울하다고 느끼는 집단원을 지정해서 모자를 씌울 수 있다.
하향 굴착기	집단원이 내용을 부분적으로 나누어 읽을 수 있도록 한다. 이 활동을 진행할 때는 인형을 사용해도 된다.

나의 하향 굴착기	집단원의 흥미를 유도하기 위해 인형을 사용할 수 있다. 인형을 사용하는 것을 선호하지 않을 경우에는 다른 방식으로 이 활동을 진행할 수 있다. 예를 들어, 집단원이 간단한 변장을 하도록 하거나, 다른 모자들을 쓰도록 하거나, 말풍선에 답을 쓰거나 그림으로 그리게 할 수도 있다. 이 활동을 할 때는 인형의 걱정이나 분노에 집단원의 감정이 이입되어 기분이 저하될 수 있는데, 이때 다른 집단원이 격려를 해 주거나 도움을 줄 수 있다. 134쪽의 'Notes'를 참조하라.
도움의 손길	어떤 아동들은 자신을 지지해 주는 사람이나 좋아하는 활동을 생각해 내기 어려울 수 있다. 이것은 그 아동들이 우울을 경험하고 있다는 지표이기도 하다. 이런 경우 리더는 그들에게 공감을 해 주어야 하며, 다른 집단원이 도움을 제공할 수 있도록 유도할 수 있다. 모임 후에 해당 아동들에게 지속적인 도움을 줄 수 있는 방안을 마련할 필요가 있다. 또래 집단 또는 멘토들의 도움을 받도록 할 수 있으며, 아동들이 학교 활동이나 집단 활동에 참여하도록 격려할 수 있다.
현명한 걱정꾼	이 활동은 범불안 증세(모든 일에 대해 지속적으로 걱정하는 증상)를 감소시키는 데 도움이 된다. 집단원의 불안이나 문제 해결의 어려움이 심각한 수준일 경우 이 활동에 참여하는 것을 힘들어할 수 있다. 어떤 경우에는 불안을 유발시키는 상황들에 대해 생각하는 것만으로도 매우 위협적으로 느낄 수 있다. 만일 그렇다면 자신이 아닌 자신의 친구가 해당 상황에서 어떤 행동을 취할지 적도록 하는 것이 좋다.
* 과제 6: 엿듣기	집단원은 다양한 유형의 생각이 있음을 알 수 있다. 이 활동은 집단원으로 하여금 대안적인 사고를 할 수 있는 능력을 향상시키는 데 도움이 될 수 있다.

Long Session

'매듭 만들기' '하향 굴착기' '나의 하향 굴착기' '도움의 손길' '현명한 걱정꾼'의 활동을 모두 진행할 수 있다. 필요하다면 '우울한 생각' '하향 굴착기' '도움의 손길' '현명한 걱정꾼'에 더 많은 시간을 할애해도 된다. 집단원은 긍정적으로 생각하는 사람 또는 부정적으로 생각하는 사람의 예시를 역할극으로 진행해 볼 수 있다. 영화 〈폴리애나(Pollyanna)〉의 일부 장면을 보여 주는 것도 유용하다. 집단원이 〈폴리애나〉의 '기쁨 놀이(glad game)'가 주변 인물들의 인생에 어떠한 영향을 미치는지 이해할 수 있도록 이끈다.

Notes

이 회기의 목적은 부정적으로 생각하는 사람을 긍정적으로 생각하는 사람으로 변화시키는 것이 아니다. 이 프로그램은 우리의 다양한 생각이 우리의 감정, 신체 반응 및 행동에 영향을 미친다는 사실을 인식할 수 있도록 돕는 데 있다. 집단원은 종종 '흑백 사고방식(all-or-nothing thinking)'에 집착하는 경우가 있다. 회기 초반의 목적은 '회색 영역(shade of gray)'에 대해 소개하고 다양한 사건들에 대해 대안적인 생각들을 탐색하도록 하는 것이다. '하향 굴착기' 활동은 어려울 수 있으며, 간혹 집단원의 짜증을 유발할 수 있다. 그러나 집단원을 괴롭히는 것이 무엇인지 그 중심을 발견할 수 있도록 이끄는 것이 중요하다. 집단원은 자신들에게 일어날 수 있는 최악의 결과를 대면함으로써 불안감이 감소될 수 있으며 문제에 대한 대처 및 해결 전략을 세우는 시도를 할 수 있다. '도움의 손길'이나 '현명한 걱정꾼'과 같은 활동은 공포나 불안을 야기하는 생각들에 대처할 수 있는 기본적인 방법들을 알려 준다. Short Session을 진행하는 리더들은 '하향 굴착기'와 '도움의 손길' '현명한 걱정꾼' 중 하나를 선택할 수 있다. '하향 굴착기'는 자주 화가 나거나 불안을 느끼지만 이러한 감정을 유발하는 근원적인 생각이나 신념을 인식하지 못하고 있는 집단원에게 유용한 활동이 될 수 있다. '도움의 손길'과 '현명한 걱정꾼'은 무기력감을 느끼는 집단원에게 유용하며, 걱정을 통제할 수 없는 범불안 증세에 대처하는 데 유용한 전략들을 제공한다.

매듭 만들기

• 손이나 손목을 잡아서 손 매듭을 만듭니다.

• 띠의 맨 끝에 있는 한 집단원이 다른 집단원의 팔 밑으로 들어가서 꼬인 모양의 띠를 만듭니다.

• 매듭을 끊지 않고 집단원 스스로 꼬인 매듭을 푸는 방법을 찾도록 합니다.

이 활동은 집단원이 서로 협력하며 문제를 해결해 나가는 능력을 향상시키는 데 도움이 됩니다.

풀기 어려운 문제라고 하더라고 결국에는 해결점을 찾게 됩니다.

아름다운 할머니

첫 번째 그림에서 어떤 사람들은 노파를 보지만 어떤 사람들은 젊은 여자를 봅니다. 두 번째 그림에서는 꽃병을 볼 수도 있고 마주보고 있는 두 얼굴을 볼 수도 있습니다. 두 그림을 처음 볼 때 무엇이 먼저 보이는지 다음 박스에 체크해 보세요.

노파

젊은 여인

아내와 장모(1915). By W.E. Hill.

두 얼굴

꽃병

루빈의 잔(1915). By E. Rubin.

이들 그림에서 볼 수 있는 것처럼 우리는 사물을 볼 때 여러 가지 방식으로 볼 수 있습니다. 거기에는 정답이나 오답이 없습니다. 그러나 어떤 것에 대한 우리의 감정은 우리의 사고방식에 의해 영향을 받습니다. 예를 들어, 여러분이 첫 번째 그림에서 늙은 마녀를 보았다면 두려움을 느껴서 그림에서 눈길을 돌릴 수도 있습니다. 그러나 만약 아름다운 여자를 보았다면 행복감을 느껴서 그 여자를 만나고 싶어질지도 모릅니다. 두 번째 그림에서 어떤 사람들은 화가 난 두 사람을 보고 기분이 좋지 않다고 말합니다. 또 어떤 사람들은 두 연인이 서로의 눈을 응시하고 있다고 말합니다. 여러분은 이들 그림에서 무엇을 느끼는지 알아봅시다.

너는 낙천주의자니

사람들은 서로 다르기 때문에 종종 다른 생각들을 합니다. 어떤 사람들은 모든 상황과 모든 사람에 대해 항상 좋고 긍정적인 부분을 보려고 하는 반면, 어떤 사람들은 나쁘고 부정적인 부분만을 보려고 합니다. 이것은 유리잔의 물을 '반이나 있네.' 또는 '반밖에 안 남았네.'와 같이 서로 다른 관점으로 보는 상황에 비유될 수 있습니다.

〈폴리애나〉는 엄격하고 나이 많은 이모와 새로운 삶을 시작하는 어린 고아 여자아이에 관한 유명한 이야기입니다. 주인공 폴리애나는 어려움에 대처하기 위해 자신의 아버지가 가르쳐 주었던 '기쁨 놀이'를 사용했습니다. 이 게임은 '고생 중에 낙'을 찾는 것으로 폴리애나는 자신의 삶에서 최악의 상황에서도 긍정적인 것을 찾으려고 노력했습니다. 이로 인해 폴리애나는 마을 사람들로부터 좋은 평가를 받게 되었고 폴리애나에게 '기쁨 놀이'를 배운 마을 사람들은 위로를 얻고 행복을 찾게 됩니다.

긍정적으로 생각하도록 노력하는 것이 항상 유익한 것은 아니지만, 여러분 또한 '기쁨 놀이'를 통해 다양하게 생각하는 방법을 배우는 데 도움을 받을 수 있습니다. 특히 이 놀이는 답답한 마음이 생기거나 불행하게 느껴질 때 더욱 유용합니다. 먼저 '부정적으로 생각하는 사람들' 칸에 여러분이 아는 사람들 중에 모든 것에 대해 부정적으로 생각하는 경향이 강한 사람들의 이름을 적으세요. 반대로 '긍정적으로 생각하는 사람들' 칸에는 여러분이 아는 사람들 중에 폴리애나와 같이 항상 삶의 긍정적인 부분을 보는 사람들의 이름을 적어 보세요.

긍정적으로 생각하는 사람들	부정적으로 생각하는 사람들

우울한 생각

 우울한 생각을 가지고 있으면 일어나는 모든 일에 대해 부정적인 면만 보게 됩니다. 그렇게 되면 모든 것이 다 잘못 되어 가고 있다고 생각하게 됩니다. 긍정적인 부분에 대해서는 간과하거나, 믿지 않거나 혹은 중요하지 않다고 생각하게 됩니다. 이는 마치 '우울한 생각 모자'를 쓰고서 혹은 부정적인 안경을 통해서 사물을 바라보는 것과 같습니다. 다음 예시를 읽어 보세요.

내가 좋아하는 친구가 같이 파티에 가자고 한다.

이때 나는 '친구가 같이 갈 사람을 찾지 못해서 나한테 함께 가자고 했을 거야.' 라고 생각한다.

해리는 수학 시험을 잘 봤다.

이때 그는 '이번 시험은 너무 쉬웠어. 만약 시험이 어려웠다면 나는 시험을 잘 못 봤을 거야.' 라고 생각한다.

한 친구가 케이티에게 "너 오늘 머리 스타일이 예쁘다."라고 말했다.

이때 그녀는 '쟤는 내 도움이 필요할 때만 저렇게 말하더라. 사실은 내가 정말로 못생겼다고 생각할 거야.' 라고 생각한다.

'우울한 생각 모자'에 도전하기

집단원 중 자원하는 사람에게 먼저 '우울한 생각 모자'를 씌웁니다. 그 모자를 쓴 사람은 부정적이거나 우울한 부분만 보아야 합니다. 모자를 쓴 사람은 세상과 자신 그리고 모든 사람에 대해 가장 안 좋은 면만 봅니다. 다른 집단원에게 주어진 도전은 '우울한 생각 모자'를 쓴 사람이 기운이 나게 하는 말을 하거나, 그를 웃게 만들거나 또는 폴리애나처럼 긍정적인 말을 하도록 노력하는 것입니다. 집단원은 각각 질문, 농담, 웃긴 표정을 함으로써 '우울한 생각 모자'를 쓴 사람에게 도전합니다. '우울한 생각 모자'를 쓴 집단원이 웃거나, 미소를 짓거나, 긍정적인 말을 하게 되면 그는 모자를 벗어야 합니다. 그다음은 또 다른 누군가가 '우울한 생각 모자'를 씁니다.

하향 굴착기

여러분을 속상하게 만드는 걱정이나 문제에 대해 더 잘 이해하기 위해 '하향 굴착기' 질문을 사용하여 봅시다.

그 문제의 어떤 면이 가장 걱정되는가?

또는

그 문제와 관련해서 일어날 수 있는 최악의 상황은 무엇인가?

이것은 단순해 보이지만 이러한 '하향식' 질문을 연습하게 되면 우리는 어떤 문제나 걱정의 근원을 정확하게 발견할 수 있으며, 왜 그렇게 우리의 기분이 상했는지 알 수 있게 됩니다. 우리가 하는 걱정의 가장 밑바닥에는 무엇이 있는지 아는 것은 우리가 그 문제를 극복하고 다른 사람들을 이해하는 데 중요한 열쇠가 될 수 있습니다. 다음 예시를 읽은 다음, 문제를 만들어 친구와 함께 해 보세요. 집단원에게 여러분의 하향 굴착기를 보여 주세요.

하향 굴착기 1

내 문제는 수업 시간에 큰 소리로 발표하는 것을 두려워하는 것이야.

네가 수업 시간에 발표를 할 때 일어날 수 있는 최악의 상황은 무엇이지?

내가 실수하고 말을 더듬는 거야.

그렇게 되면 어떤 안 좋은 일들이 생기게 되는 거지?

다른 아이들이 나를 비웃을 거야.

만약 다른 아이들이 너를 비웃는다면 무슨 일이 생기게 되는 거지?

난 매우 창피할 거고 내 얼굴이 빨개질 거야.

얼굴이 빨개지면 무슨 일이 생기게 되는 거지?

나는 바보처럼 보일 거야.

바보처럼 보이면 무슨 일이 생기게 되는 거지?

우리 반 아이들이 다 나를 바보로 생각할 거야.

그것이 왜 그렇게 안 좋은 일인 거지?

나 스스로도 내 자신을 바보로 생각할 테니까.

하향 굴착기 2

내 문제는 수학이야.

'수학'과 관련해서 일어날 수 있는 최악의 상황은 무엇이지?

선생님한테 계속 야단맞는 거야.

선생님께 야단을 맞게 되면 가장 문제가 되는 것은 뭐지?

선생님이 정말 화를 많이 내고 소리를 지르는 거야.

정말 그렇게 된다면 무슨 일이 생기게 되는 거지?

나는 보충 수업을 받아야 할지도 몰라.

보충 수업을 받게 되면 무슨 일이 생기게 되는 거지?

우리 부모님이 알게 될 거야.

부모님이 알게 되면 무슨 일이 생기게 되는 거지?

부모님이 정말 많이 화를 내실 거야.

정말로 그렇게 된다면 무슨 일이 생기게 되는 거지?

부모님이 나를 나쁜 아이로 생각하는 거지.

정말로 그렇게 된다면 무슨 일이 생기게 되는 거지?

부모님이 나를 더 이상 사랑하지 않는 거야.

정말로 그렇게 된다면 무슨 일이 생기게 되는 거지?

나도 나 자신이 나쁜 아이라고 믿게 되겠지.

정말로 그렇게 된다면 무슨 일이 생기게 되는 거지?

아무도 나를 좋아하지 않고 결국 나는 슬퍼질 거고 영원히 외로워질 거야.

나의 하향 굴착기

이 활동에 사용할 인형을 선택해 보세요. 여러분이 선택한 인형이 지금 두려워하거나 속이 상해 있다고 가정해 봅니다. 이러한 상황을 빈칸에 적어 보세요. 여러 가지 이야기보다는 한 가지의 걱정만 적는 것이 좋습니다. 예를 들어, '내 인형은 친구가 없는 것을 걱정해.' 또는 '내 인형은 자기 자신이 이상하게 생겼다고 생각해서 기분이 나빠.'와 같이 적을 수 있습니다.

'하향 굴착기' 질문을 마친 후, 인형의 마음속 깊은 곳에 어떤 생각들이 있는지 보았나요? 다음의 빈칸에 인형이 가장 힘들어하는 것이 무엇인지 적어 보세요. 예를 들어, 인형은 자신이 나쁘다거나, 바보 같다거나, 못생겼다거나, 쓸모가 없다거나, 외롭다거나 등과 같은 생각 때문에 기분이 좋지 않을 수 있습니다. 인형의 기분을 인형이 직접 말을 하는 것처럼 적어 보세요.

도움의 손길

하향 굴착기 활동을 통해 살펴보았듯이 여러분의 어떤 생각이 여러분의 감정을 우울하게 또는 두렵게 만드는지 아는 것은 중요합니다. 여러분의 그 생각이 무엇인지 알게 되면 다음 단계에서 선택의 폭은 넓어집니다. 여러분이 '우울한 생각 모자'를 썼을 때 '하향 굴착기' 질문들을 통해 여러분 안에 있는 생각을 찾았다면, 이제는 행동을 취할 차례입니다. 기분 나쁘거나 걱정스러운 생각을 오래 계속하는 것은 좋지 않습니다. 대신 여러분이 취할 수 있는 두 가지 유형의 행동이 제시되어 있습니다.

1. 여러분이 믿을 수 있는 어떤 사람에게 여러분이 어떤 기분인지 이야기하세요. 어쩌면 그 사람은 여러분에게 '도움의 손길'을 줄 것입니다. 그 사람은 여러분의 부모가 될 수도 있고, 가족의 일원일 수도 있고, 선생님 또는 친구일 수도 있습니다. 다음의 빈칸에 여러분을 도와줄 수 있는 사람들의 이름을 적어 보세요.

2. 여러분이 좋아하는 활동을 하는 것도 큰 도움이 될 수 있습니다. 사람들은 기분이 좋지 않을 때 아무것도 하기 싫어질 수 있습니다. 그러나 이때 아무것도 하지 않는다면 기분은 점점 악화될 수 있습니다. 밖으로 나가서 여러분이 즐길 수 있는 활동을 하게 되면 기분은 곧 나아질 수 있습니다. 다음의 빈칸에 여러분이 좋아하는 활동들을 적고 다른 집단원과 이야기를 나눠 보세요. 축구, 수영, 그림 그리기, 춤추기 등 어떤 것도 될 수 있습니다.

여러분은 위의 활동들을 실험해 보고 싶을 수 있습니다. 그 활동들 중에서 한 가지를 골라 지금 그것을 하고 있다고 상상한 다음 기분이 어떻게 달라지는지 느껴 보세요.

현명한 걱정꾼

사람들의 머릿속에는 걱정스러운 생각들이 맴돌 때가 있습니다. 걱정스러운 생각을 하면 할수록 더욱 기분은 안 좋아지며 걱정은 커집니다. 이런 종류의 생각들은 대개 '만약 ~라면 어떡하지?' 질문으로부터 시작합니다.

지금까지 여러분은 안 좋은 생각에 사로잡혔을 때 여러분에게 도움이 되는 두 가지 방법—신뢰할 수 있는 사람과 이야기하기, 좋아하는 활동하기—에 대해 배웠습니다. 이 외에도 여러분에게 도움이 되는 세 번째 방법이 있습니다. 걱정스러운 생각들에서 벗어나도록 여러분을 도와줄 수 있는 또 다른 방법은 '만약 ~라면 어떡하지?'라는 질문에 '그렇다면 나는 이렇게 할 수 있어.'라고 대답하는 연습을 하는 것입니다. 이 방법은 여러분을 편안하게 해 주며 상황에 대처하는 데 도움을 줄 것입니다. 또한 여러분의 친구들이 걱정에서 벗어나는 데 도움을 줄 수 있습니다. 다음 페이지에 제시된 질문들의 답을 완성한 다음 다른 집단원과 나눠 보세요. 그런 다음 맨 아래에 있는 빈칸에 '만약 ~라면 어떡하지?' 형식의 질문을 만들어 보고, '그렇다면 나는 이렇게 할 수 있어.' 형식의 대답을 만들어 보세요.

질문: '만약 ~라면 어떡하지?'	대답: '그렇다면 나는 이렇게 할 수 있어.'
예: 만약 오늘 영어 시간에 대답을 못하면 어떡하지?	그렇다면 나는 내 친구에게 도움을 요청할 수 있어. 실수를 하는 것은 새로운 것을 배우는 데 도움이 될 수 있어.
예: 만약 놀러 갔다가 강에 빠지면 어떡하지?	나는 구명조끼를 준비할 수 있어. 나는 떠나기 전에 친구들에게 수영을 하지 못한다고 말할 거야. 나는 소리를 질러서 도움을 구할 수 있어. 누군가가 나를 구할 거야. 많은 사람이 주변에 있을 거야.
만약 학교에서 수업 시간에 실수를 하면 어떻게 하지?	
만약 내가 학교에서 괴롭힘을 당하면 어떻게 하지? 그 아이들은 힘이 센데…….	
만약 내가 사람들 앞에서 울게 되면 어떻게 하지? 그러면 매우 창피할 텐데…….	
만약에 내가 심각한 병을 앓는다면 어떻게 하지?	
만약 내가 아끼는 사람이 다치거나 죽으면 어떻게 하지?	

과제 6: 엿듣기

이번 주에 여러분의 친구, 가족 또는 선생님들의 이야기를 들어보고, '우울한 생각 모자'를 쓴 사람처럼 이야기를 하는지, 아니면 '기쁨 놀이'를 하는 폴리애나와 같이 이야기를 하는지 구분하여 관찰해 보세요. 그리고 다음의 빈칸에 누가 어떤 이야기를 하였는지 간단히 적어 보세요.

아동 = C 어른 = A	폴리애나 = P 우울 = G	그 사람들이 뭐라고 말했나?
예: A	G	아무도 과제를 제출하지 않는군.
예: C	P	나는 매일 새로운 것을 배워.

SESSION 0**7**

생각 탐색

목표

• 어려운 상황을 바라보는 대안적인 방법을 탐색한다.

• 문제 해결 과정에서 상상이나 추측에 따르기보다 증거와 사실에 근거해 과학적으로 접근하도록 한다.

• '파란 신호 생각'이 기분을 향상시킬 수 있음을 확인한다.

준비

의자, 연필 등 필기도구

주제 및 회기 진행을 위한 팁

* 표시가 되어 있는 활동은 반드시 진행한다. 그 외의 활동은 집단의 진행 상황에 따라 자유롭게 선택할 수 있다. 때로 시간이 충분하지 않을 수도 있으나 집단원의 적극적인 참여를 위해 프로그램에서 '흥미'를 잃지 않도록 하는 것이 중요하다.

Short Session

활동	설명
* 피드백	집단원과 인사를 한 다음 회기의 주제를 나눈다. 한주 동안 지낸 이야기들을 간단히 나눈다.
* 과제 검토하기	'엿듣기' 과제 후에 발견한 점들에 대해 서로 나누어 본다. 집단원은 과제를 통해 무엇을 깨달았는가? 집단 리더는 자세한 검토를 위해 과제를 제출하도록 하며, 제출한 과제는 다음 회기나 프로그램이 종료할 때 돌려준다. 지난주 과제에 대해 이야기하는 시간을 갖는다.
* 생각–감정 연결	집단원이 자신들의 생각과 감정을 연결할 수 있도록 격려한다. 집단원은 서로의 의견에 대해 피드백을 나눌 수 있다. 만약 한 집단원의 생각–감정 연결이 다른 집단원의 그것과 다르다면 상대방을 비판하지 않는 선에서 토론할 수 있다.
* 신호등 생각	다양한 종류의 생각과 신호등 체계 사이의 연결 고리를 만든다. 집단원은 노란 신호 생각(observational-type thoughts)에 크게 집중할 필요가 없다. 단지 집단원이 흑백 논리나 융통성 없는 방법으로 생각하는 것(예: 파란 신호 생각은 '좋다', 빨간 신호 생각은 '나쁘다'라고 생각하는 것)을 방지하도록 노란 신호 생각을 추가했다.
* 빨간 신호, 파란 신호	집단원은 생각 풍선 안에 빨간 신호 생각들과 파란 신호 생각들에 대해 적는다. 이때 정답은 없음을 알려 준다. 풍선에 채운 생각들 중 하나를 선택하여 집단원과 나누는 시간을 갖는다.
빨간색, 노란색, 파란색	파란 신호 생각들과 빨간 신호 생각들을 전달할 때 수영 선수들의 행동 방식에 분명한 차이가 있음을 알도록 한다. 이 활동은 아이들이 실수했을 때 자신에게 빨간 신호 생각(예: 실수를 했을 때 "너는 바보야.")을 말하는 것과 연관지어 생각해 볼 수 있다. 우리가 스스로에게 하는 말이 얼마나 영향력이 있는지 생각해 볼 수 있다.

* 빨간 신호 생각 바꾸기	집단원이 빨간 신호 생각을 파란 신호 생각으로 변화시킨 예시를 집단 안에서 나눌 수 있도록 이끈다.
* 신호등 생각 대회	생각 풍선 안에 있는 예시들을 집단원에게 읽어 준다. 집단원은 그림 또는 인형을 사용할 수 있다. 집단원은 맡은 장면을 연기한다. 활동에 참여한 집단원은 자신의 파트를 연기하면서 무엇을 느꼈는지 말한다. 빨간 신호와 파란 신호 중 어떤 유형의 생각이 효과적이고 마음을 편안하게 해 주는지 집단원에게 물어보고 함께 이야기하는 시간을 갖는다. 이 활동을 통해 집단원은 평소 자신이 빨간 신호 생각에 얼마나 귀를 기울이는지 생각해 볼 수 있다.
* 예시: 빨간 신호 생각에 도전하기	집단 리더는 예시를 읽는다. 집단원이 직접 읽을 수도 있으나 너무 많은 시간이 걸릴 수 있다. 이 활동과 '신호등 생각 대회' 활동을 비교해 보도록 한다.
* 빨간 신호 생각 에 도전하기	집단원이 제시한 다른 친구들의 빨간 신호 생각은 종종 집단원 자신들에 대한 생각이기도 하다. 그러나 항상 그런 것은 아니다. 이 활동은 경우에 따라 집단원의 기분을 우울하게 만들 수 있다. 특히 자신들의 빨간 신호 생각에 반대되는 증거를 찾기 위해 고군분투할 때 더욱 그렇다. 이때 집단원이 서로 도움을 주고받도록 격려한다. 150쪽의 'Notes'를 참조하라.
* 과제 7a: 생각 퀴즈	자신에게 해가 되거나 도움이 되는 생각들을 인식하는 연습을 한다.
* 과제 7b: 빨간 신호 생각에 도 전하기	집단원은 159쪽에 제시된 활동을 연습한다. 이 활동의 목적은 다양한 방법으로 생각할 수 있도록 돕는 것이다. 보다 유용한 사고방식을 통해 기분이 향상되며, 불안, 분노 또는 쓸모없는 감정들은 감소된다.

Long Session

155쪽의 '빨간색, 노란색, 파란색' 활동을 포함시킨다. 집단의 성격에 맞춰 활동을 변화시킬 수 있다(예를 들어, 수영 선수 대신 등산가 혹은 달리기 선수를 사용할 수 있다). '신호등 생각 대회' 활동(157쪽)에 더 많은 시간을 할애해도 된다. 선생님, 친구 등 다른 사람들이 집단원에게 했던 말 중 **빨간 신호 생각**이나 파란 신호 생각이 있으면 이를 함께 나눌 수 있다. 잡지에서 사진이나 그림을 잘라 낸 후, 빨간 신호 또는 파란 신호 생각과 연결하는 시간을 갖는다. 그 내용을 집단에서 나눠 볼 수 있다.

Notes

이 활동의 목적은 집단원이 어떤 사건 혹은 사물에 대해 대안적인 사고 방법을 더 효과적으로 탐색할 수 있도록 도움을 주는 것이다. 사람은 자기 자신에게 말하는 빨간 신호 생각들이 사실이라고 믿는 경향이 있으며, 종종 그에 따라 행동한다. 비록 어떤 경우는 그것이 사실일 수 있으나, 일반적으로 자기 자신에게 말하는 빨간 신호 생각 또는 부정적인 메시지들은 100% 사실이 아닌 경우가 많다. 빨간 신호 생각 찾기(109~110쪽 참조)를 통해 그 생각에 대해 검토함으로써 그것이 사실인지 아닌지 여부를 정확하게 밝히는 일을 시작할 수 있다. 선행 연구에 따르면, 부정적 생각 또는 빨간 신호 생각에 반박하는 증거들(또는 파란 신호 생각)을 많이 찾을수록 그 사람의 기분이 나아지는 것으로 나타났다. 빨간 신호 생각들은 종종 사람들에게 동기를 부여하거나 보호하는 역할을 하는 것처럼 보이지만, 결과적으로는 불행하고, 화나고, 걱정스럽고, 자기비판적이고, 당혹스러운 감정을 낳는다. 또한 이것은 악순환이 된다(빨간 신호 생각 = 불행한 감정 = 더 많은 빨간 신호 생각). 159쪽의 활동은 어려우므로 많은 연습이 필요하다.

생각-감정 연결

지난 회기에서 여러분은 사건이나 사물에 대한 다양한 생각을 살펴보았습니다. 어떤 사람들은 폴리애나의 '기쁨 놀이'에서처럼 긍정적인 방식으로 생각합니다. 반면, 어떤 사람들은 모든 일에 대해 '우울한 생각 모자'를 쓰고 자신들을 가두는 부정적인 방식으로 바라봅니다. 대부분의 사람은 다양한 상황에서 두 가지 종류의 생각을 모두 가지고 있습니다. 그러나 마음이 상하거나, 화가 나거나, 걱정이 될 때는 '우울한 생각 모자'를 쓰고 자기 자신, 모든 상황 그리고 모든 사람에 대해 최악의 시나리오를 만들어 내고 맙니다. 이번 활동에서 우리는 우리의 생각을 더 많은 것과 연결시켜 보려고 합니다. 다음 연습에서 왼쪽 열에 있는 생각들을 오른쪽 열에 있는 감정들과 연결해 보세요.

생각들	감정들
나는 형편없는 사람이기 때문에 친구가 없어.	행복하다.
나는 노력하면 그것을 할 수 있어.	슬프다.
나는 전에 이보다 더 어려운 일에도 잘 대처했어. 더 큰 일도 재미있을 거야.	화가 난다.
나는 학교에 있는 모든 애를 때리고 싶어.	걱정이 된다.
내가 그것을 할 수 없다면 도움을 요청하면 돼.	자신이 있다.
대책이 없어. 너무 어려워.	신이 난다.

여러분이 보기에 앞의 어떤 생각들이 폴리애나의 '기쁨 놀이'에서 볼 수 있는 '기쁜' 생각들입니까? 왜 그렇게 생각하나요?

신호등 생각

이미 우리는 생각이 감정에 어떤 영향을 미치는지 배웠습니다. 이제 우리는 과학자가 되어 화가 나고 걱정스러운 감정을 만드는 생각들에 대해 탐구해 보려고 합니다. 이 목표를 위해 먼저 우리를 가로막고 있는 생각들에 대해 도전해 봅시다. 이것을 쉽게 이해하기 위해 여러분의 생각들을 신호등 체계의 다양한 색에 비유해 봅니다.

빨간 신호 생각은 우리를 혼란스럽게 하며 걱정스럽고 화가 나게 만듭니다. 이 생각은 우리를 저지하고 무기력하게 만들며 악순환 속에 머물게 합니다. 이런 유형의 생각은 종종 위험에만 주의를 기울이도록 만들며, 자신과 다른 사람들에게 발생할 수 있는 최악의 상황을 떠올리게 합니다.

파란 신호 생각은 우리 자신 또는 우리가 처한 상황들에 대해 더 좋은 기분이 들게 하거나, 편안한 마음을 갖게 해 주는 생각입니다. 따라서 파란 신호 생각은 유익할 뿐만 아니라 상황에 잘 대처할 수 있게 도와줍니다. 이런 유형의 생각은 진취적이어서 목표 달성을 위해 필요한 행동을 적극적으로 취할 수 있도록 해 줍니다.

노란 신호 생각은 무엇을 알아차리거나 발견하게 해 주는 생각입니다. 이것은 긍정적이지도 부정적이지도 않은 생각입니다. 노란 신호 생각은 주변에 일어나는 일을 인식하는 데 도움을 줄 수는 있지만 우리의 감정과 생각의 연결 고리를 만드는 데는 큰 의미를 갖지 않습니다. 만약 우리의 모든 생각이 노란 신호 생각이라면, 우리는 항상 평안한 감정을 느끼는 반면 어떤 성취도 이루어 낼 수 없을 것입니다. 그럼 이제 다음 페이지에 나오는 신호등 생각의 두 가지 예를 살펴봅시다.

빨간 신호, 파란 신호

각각의 그림에 있는 빈 생각 풍선에 파란 신호 생각과 빨간 신호 생각을 적어 보세요.

예시

빨간색, 노란색, 파란색

이 활동의 목적은 실험을 통해 우리의 생각이 행동에 미치는 영향을 알아보는 것입니다. 집단원 중 자원자는 의자 또는 벤치 위에 배를 아래로 깔고 엎드립니다. 그리고 지금 수영 경기에서 수영을 하는 중이라는 상상을 합니다. 그 집단원이 수영하는 역할을 하는 동안 나머지 집단원은 "너는 못할 거야." "너는 너무 느려."와 같은 빨간 신호 생각들을 소리칩니다. 다음 경기에서는 "너는 너무 잘하고 있어." "자, 거의 다 왔어."와 같은 파란 신호 생각들을 소리쳐 그 선수를 응원합니다.

그 수영 선수에게 빨간 신호 생각은 어떤 영향을 주었습니까?

_____

_____

그 수영 선수에게 파란 신호 생각은 어떤 영향을 주었습니까?

_____

_____

이번에는 그 수영 선수가 어떤 노란 신호 생각을 떠올렸을지 적어 보세요.

_____

_____

빨간 신호 생각 바꾸기

다음 빨간 신호 생각들 중 두 개를 선택한 다음 그 생각들을 파란 신호 생각으로 바꿔 보세요.

예시

빨간 신호 생각

'내가 너무 못생겼기 때문에 모두가 나를 싫어해. 내 머리는 촌스럽고, 내 코는 너무 길고, 내 다리는 젓가락 같아.'

파란 신호 생각

'가끔은 내가 못생겼다고 느낄 때가 있지만 정말 그렇다고 생각하지는 않아. 실제로 내가 못생겼다고 말한 사람은 없어. 나는 체육, 영어, 음악을 잘해. 내 친구들은 내가 좋은 친구라고 말해.'

빨간 신호 생각

1. '나는 이 산을 절대 오르지 못할 거야. 너무 높아.'
2. '스포츠 팀에 가입하려고 시도해 봤자 아무런 소용이 없을 거야. 잘 하는 선수들만 뽑힐 텐데. 나는 어떤 것도 잘하지 못해.'
3. '도널드와 데피는 계속 나를 괴롭히고 있어. 나는 절대 그런 바보 같은 학교로 돌아가지 않을 거야. 정말 바보 같은 짓이야. 학교에서 나는 미운 오리로 찍혔어.'
4. '또 어지럽고 속이 메스껍네. 제발 도와줘. 나는 아마 죽을 거야. 학교에서는 안 돼! 다른 애들이 볼 텐데……. 나는 지금 엄마가 필요해. 아, 어지러워. 점점 더 나빠지는 거 같아. 내가 여기 쓰러져 죽도록 내버려 두지 마. 아!!!'

파란 신호 생각

파란 신호 생각

신호등 생각 대회

집단원끼리 3인 1조를 만들고 다음의 역할 놀이에 참여해 보세요.

- 집단원 1. 성취하기 힘든 목표를 정하여 써 보세요. 그림을 그려도 됩니다. 등산하기, 큰 소리로 읽기, 약자를 괴롭히는 자에게 맞서기 등 어려운 상황을 선택하세요.
- 집단원 2. 집단원 1의 빨간 신호 생각이 되세요. 부정적인 생각들을 말함으로써 집단원 1이 목표를 성취하지 못하도록 막으세요. 원한다면 집단원 3과 상의할 수 있습니다.
- 집단원 3. 집단원 1의 파란 신호 생각이 되세요. 마음을 편하게 만드는 유익한 생각들을 말함으로써 집단원 1이 목표를 성취하도록 도와주세요. 원한다면 집단원 2와 상의할 수 있습니다.
- 다른 집단원에게 역할극을 보여 주세요. 빨간 신호 생각과 파란 신호 생각이 집단원 1의 감정과 행동에 어떠한 영향을 주는지 이야기해 보세요.

빨간 신호 생각   파란 신호 생각

예시: 빨간 신호 생각에 도전하기

 이제 우리는 과학자가 되어 화나고 걱정스러운 감정을 만드는 생각들에 대해 탐구해 보려고 합니다. 먼저 여러분의 친구 하나가 스스로에 대해 가지고 있을지도 모르는 빨간 신호 생각들을 떠올려 보세요(예: '나는 멍청해.' '아무도 나를 좋아하지 않아.'). 생각을 떠올리고 다음의 예시처럼 그 생각에 대해 지지하는 증거들과 반대하는 증거들을 만들어 보세요.

다음은 여러분의 친구가 스스로에 대해 가질 수 있는 빨간 신호 생각입니다.

나는 정말 지루한 사람이야.

위의 빨간 신호 생각에 대한 여러분 친구의 믿음은 0~10점 중에서 몇 점 정도라고 생각하나요?

친구의 빨간 신호 생각이 정말 사실이라는 증거	친구의 빨간 신호 생각이 전혀 사실이 아니라는 증거
• 그는 친구들이 주말에 그와 함께 놀지 않았다고 말했다. • 그 친구는 혼자 집에 있어야 했다. • 그 친구는 다른 아이들과 달리 축구를 좋아하지 않는다. • 그는 학교에서 공부밖에 모르는 외골수라고 놀림을 받기도 했다. • 그 친구는 가끔 자신이 학교와는 맞지 않는다고 생각한다.	• 자기 자신 외에는 실제로 아무도 그 친구가 지루하다고 말하지 않았다. • 만약 그 친구가 지루한 사람이라면 친구가 없었을 텐데 실제로 그는 꽤 많은 친구가 있다. • 많은 아이가 축구를 좋아하지 않는다. 축구를 좋아하지 않는다고 지루한 사람이 되는 것은 아니다. 그 친구는 대신 스누커와 낚시를 좋아한다. • 친구들이 주말에 함께 놀지 못한 다른 이유들이 있을 것이다. 예를 들어, 부모님이 허락을 하지 않았을 수 있다. • 모든 사람은 가끔 자신이 속한 곳과 자신이 어울리지 않는다고 생각한다. 그리고 그 생각이 사실이 아닌 경우가 많다.

지금 위의 빨간 신호 생각에 대한 그 친구의 믿음은 0~10점 중에서 몇 점 정도라고 생각하나요?

빨간 신호 생각에 도전하기

이제 여러분의 차례입니다. 여러분 또는 다른 사람이 스스로에 대해 가지고 있는 빨간 신호 생각을 떠올려 보세요. 이제 과학자가 되어 이 빨간 신호 생각에 도전하는 파란 신호 생각들 혹은 기분을 좋게 하거나 마음을 편하게 만드는 생각들을 탐색해 보세요. 도전하기 전과 도전한 후의 점수를 기록하는 것을 잊지 마세요. 쉽지는 않겠지만 모두들 화이팅!

다음은 여러분이나 여러분의 친구가 스스로에 대해 가질 수 있는 빨간 신호 생각입니다.

위의 빨간 신호 생각에 대한 여러분 또는 그 친구의 믿음은 0~10점 중에서 몇 점 정도라고 생각하나요?

빨간 신호 생각이 정말 사실이라는 증거	빨간 신호 생각이 전혀 사실이 아니라는 증거

지금 위의 빨간 신호 생각에 대한 여러분 또는 그 친구의 믿음은 0~10점 중에서 몇 점 정도라고 생각하나요?

과제 7a: 생각 퀴즈

다음의 생각이 파란 신호인지 빨간 신호인지 체크해 보세요.	파란 신호 생각	빨간 신호 생각
나는 정말 멍청해.		
쟤는 같이 놀아 줄 사람이 없기 때문에 나와 놀자고 하는 거야.		
나는 많은 것을 잘 할 수 있지만, 내가 최고가 아니라면 그만두는 게 좋아.		
만약 내가 이 옷을 입고 나가면 모두가 나를 비웃을 거야.		
노력하면 나도 할 수 있어.		
나는 정말 못생겼어.		
일이 잘 안 풀리면 누군가가 나를 도와줄 거야.		
이제 토요일에 낚시하지 않을 거야. 항상 아무것도 잡지 못하고 돌아오는걸.		
나는 요즘 과제를 아주 열심히 해. 그렇게 하지 않으면 엄마가 나한테 소리를 지를 테니까.		
만약 속이 상하거나 걱정이 되면 사람들에게 나의 감정을 알릴 수 있어.		
나는 세계에서 제일가는 기타리스트야.		
내가 만약 차 사고가 나는 생각을 하면 실제로 나에게 사고가 일어날지도 몰라.		
나는 학교와 관련된 모든 것이 싫어.		
어떤 사람들은 나를 좋아하고 어떤 사람들은 그렇지 않아. 그건 누구나 마찬가지야.		
나의 걱정들 때문에 나는 정말 미칠 것 같아.		
내가 내 침대 밑에 괴물이 있다고 생각한다고 해서 그것이 실제로 괴물이 있다는 의미는 아니야.		
나는 정말 모든 일에 형편없어.		
이번에 그 일을 잘 못했을지는 몰라도 그 일을 하면서 정말 즐거웠어.		

과제 7b: 빨간 신호 생각에 도전하기

앞으로 여러분에게 속이 상하거나 걱정스러운 일이 생길 때 어떤 빨간 신호 생각이 떠올랐는지 체크해 보세요. 과학자처럼 그 빨간 신호 생각을 지지하거나 반대하는 증거들을 탐색해 보세요. 그리고 그 빨간 신호 생각에 대해 0~10점 중 점수를 매긴 후 그 생각이 사실인 이유들을 찾아 나열해 보세요. 그런 다음 그 생각이 사실이 아닌 증거들을 찾아보세요. 이 활동은 생각만큼 쉽지 않습니다. 아마도 많은 연습이 필요할 거예요. 그러나 절대 포기하지 마세요!

여러분 스스로에 대해 가지고 있는 빨간 신호 생각('나는 멍청해.' '나는 못생겼어.' '나는 지루해.' 등)을 적으세요.

위의 빨간 신호 생각에 대한 여러분의 믿음은 0~10점 중에서 몇 점 정도라고 생각하나요?

여러분의 빨간 신호 생각이 정말 사실이라는 증거	여러분의 빨간 신호 생각이 전혀 사실이 아니라는 증거

지금 위의 빨간 신호 생각에 대한 여러분의 믿음은 0~10점 중에서 몇 점 정도라고 생각하나요?

SESSION 08

목표 설정하기

목표

- 목표 설정을 위한 여섯 가지 계획을 세운다.
- 집단원이 함께 작업하며 어려움 가운데 서로 도울 수 있다.
- 자신들의 문제를 명확히 파악하고 그것을 구체화하도록 돕는다.
- 다른 사람들이 목표를 설정하는 것을 보고 배운다.

준비물

의자, 연필, 고리 모음

주제 및 회기 진행을 위한 팁

* 표시가 되어 있는 활동은 반드시 진행한다. 그 외의 활동은 집단의 진행 상황에 따라 자유롭게 선택할 수 있다. 때로 시간이 충분하지 않을 수도 있으나 집단원의 적극적인 참여를 위해 프로그램에서 '흥미'를 잃지 않도록 하는 것이 중요하다.

Short Session

활동	설명
* 피드백	집단원과 인사를 한 다음 회기의 주제를 나눈다. 한주 동안 지낸 이야기를 간단히 나눈다.
* 과제 검토하기	집단원은 과제 7a와 과제 7b에 대해 간단히 의견을 나눈다. 집단 리더는 자세한 검토를 위해 과제를 제출하도록 하며, 제출한 과제는 다음 회기나 프로그램이 종료할 때 돌려준다. 지난주 과제에 대해 이야기하는 시간을 갖는다.
* 범인 미스터리	집단원이 범인 탐색에 필요한 기술들(타인 관찰, 경청 등)과 문제 해결 및 목표 설정을 위해 필요한 기술들의 연관성을 발견하도록 격려한다. 예를 들어, 다음과 같은 질문들을 할 수 있다. • 범인을 잡기 위해서 무엇이 필요했나요? • 그것을 어떻게 알아냈나요? • 오감 중 어떤 감각을 사용했나요? • 추측이 틀렸을 경우 어떤 일이 있어났나요?
IT 해결책	이 활동은 위의 것과 비슷하다. 나이가 더 많은 집단원의 경우 이 활동을 선호하기도 한다.
* 종잡을 수 없는 말	집단원은 168쪽의 역할을 나누어 읽어 본다. 다른 집단원과 서로의 답을 이야기해 볼 수 있도록 한다.
* 훌라훌라	이 활동을 하기 위해서는 체육관이나 운동장과 같이 안전한 개방 공간이 필요하다. 집단원은 짝을 지은 다음 큰 후프 하나를 받고 집단에 돌아가서 연습문제 A-F단계를 완성한다. 생각을 실행에 옮기기 전 새로운 아이디어를 만들고 A-D단계에서 나올 수 있는 가능한 결과들을 탐색해 보는 작업에서 집단원의 협력은 매우 중요하다. 경기를 시작하기 전에 연습 시간과 계획을 수정할 수 있는 시간이 주어진다. 경기를 끝낸 후에는 집단에 결과를 보고하도록 지도한다. 후프 대신 풍선이나 공을 사용할 수도 있다.

* 과제 8a: 슈퍼스타 다른 사람이 어떻게 문제를 해결하는지 관찰하는 것은 큰 도움이 된다. 집단원은 다른 사람의 문제 해결 능력을 보고 배우면서 문제 해결 능력 기술을 배울 수 있다.

* 과제 8b: 목표 설정 170~171쪽에서 배운 내용을 연습한다.

Long Session

'IT 해결책'을 포함할 수 있다. '슈퍼스타' 활동은 과제보다는 회기 중에 시행하는 것을 권장한다. 또 다른 활동의 예로 집단원에게 눈을 감게 한 후 비밀 보물들(과일 또는 작은 사탕)을 방 여기저기에 숨긴다. 집단원은 제한된 시간 안에 그 보물들을 찾고 자기 자리에 와서 앉는다. 집단원은 그 보물을 찾기 위해 무엇을 했는지 말한다(예: 경청하기, 여기저기 찾아보기, 타인 관찰하기 등). '훌라훌라' 활동을 할 때 모든 집단원에게 후프를 나누어 주거나 혹은 집단을 반으로 나누어 각 팀이 하나의 후프를 가지도록 할 수 있다. 시간적인 여유가 있다면 훌륭한 문제 해결 기술이나 목표 설정 기술을 다룬 짧은 이야기 혹은 비디오나 DVD 영상 자료를 활용할 수 있다. 문제 해결이나 목표 설정을 잘하는 가족, 친구 또는 유명 인사들이 어떤 방법을 사용하는지에 대해 함께 이야기해 보는 것도 도움이 된다.

범인 미스터리

• 한 집단원이 자원해서 탐정 역할을 맡는다. 어떤 집단원이 범인 역할을 할지 결정할 동안 탐정 역할을 맡은 집단원은 밖에 나가서 있는다.

• 정해진 범인은 윙크를 통해 피해자(들)를 고른다. 범인에게 윙크를 받은 집단원은 큰 소리로 바닥에 누워 죽은 척을 해야 한다.

• 모든 집단원이 준비되면 탐정을 다시 방으로 들어오게 한다. 탐정은 살인자가 누군지 밝히기 위해서 다양한 기술을 사용해야 한다.

• 범인을 찾으면 게임은 끝난다. 역할을 바꿔서 다시 게임을 진행할 수 있다.

IT 해결책

여러분은 이제 어려운 상황에서 문제를 잘 해결해 나갈 수 있을 것입니다. 다음의 컴퓨터 스크린 안에 가장 좋아하는 컴퓨터 게임의 이름을 쓰세요. 바깥 칸에는 목표에 도달하고 게임을 잘 하기 위해 사용했던 다양한 방법을 적어 보세요. 그것은 예를 들어, '어떻게 용을 물리쳤나요?' '어떻게 폭포를 올라갔나요?' '어떻게 다음 단계로 통과했나요?'와 같은 질문들에 대한 답입니다. 처음 게임을 하는 친구에게 해 줄 수 있는 조언들을 생각해 보세요.

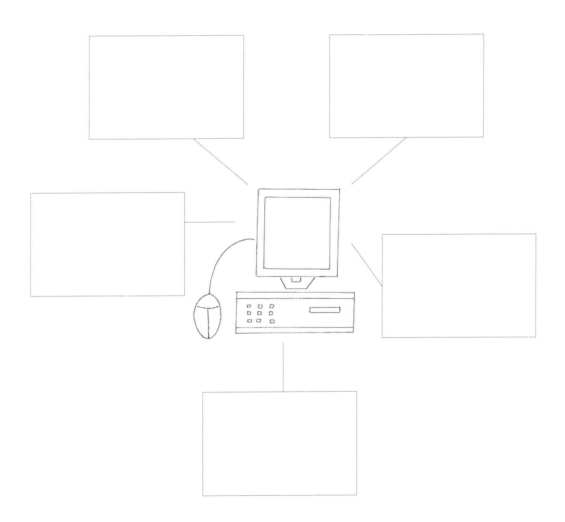

종잡을 수 없는 말

많은 아이는 자신의 문제점과 목표에 대해 설명하는 것을 어려워합니다. 종종 무언가 잘못되었고 자신이 행복하지 않다는 것은 알지만 그 이유를 잘 설명하지 못합니다. 목표에 성공적으로 도달하기 위한 첫 번째 단계는 문제와 목표가 무엇인지 정확히 아는 것입니다. 다음의 예시를 보고 어느 것이 명확한 것이고 어느 것이 명확하지 않은 것인지 구분해 보세요.

잭 : 나는 학교가 싫고 그 쓰레기장 같은 곳에 가고 싶지 않아요.

부모: 무엇 때문에 학교에 가고 싶지 않니?

잭 : 모두 다. 학교의 모든 것이 다 싫어요. 그냥 끔찍해요.

부모: 내가 모르는 어떤 일이 있었니?

잭 : 아니요. 나는 단지 학교가 싫고, 결코 그곳에 돌아가지 않을 거예요.

로렌: 나는 학교가 싫고 그 쓰레기장 같은 곳에 가고 싶지 않아요.

부모: 무엇 때문에 학교에 가고 싶지 않니?

로렌: 나는 쉬는 시간이 가장 싫어요.

부모: 쉬는 시간이 가장 싫은 이유는 뭐지?

로렌: 다른 애들이 내가 수학 같은 과목들을 잘한다는 이유로 괴짜라고 놀려요.

부모: 괴짜라고 불리는 것이 그렇게 싫으니?

로렌: 그 말을 들으면 내가 다른 애들과 다른 이상한 애인 것 같아요.

잭과 로렌 중 누가 자신의 문제를 더 명확하게 설명하고 있나요?

만약 여러분이 선생님이나 부모님이라면, 잭과 로렌 중 누구를 더 쉽게 도울 수 있을 것 같나요?
그 이유를 적어 보세요.

만약 여러분이 잭을 도우려는 선생님이나 부모님이라면 어떤 느낌이 들 것 같나요?

다음 문제들에서 어떤 것이 구체적이고 명확한 것인지 그리고 어떤 것이 애매하고 불분명한 것
인지 표시해 보세요.

나에게 정말 어떤 문제가 있는 것이 틀림이 없어.
게임하는 동안 배가 아파 걱정이 된다.

나는 학교에서 매 시간 모든 아이에게 괴롭힘을 당해.
해리가 1교시 후 쉬는 시간에 나를 다시 때렸다.

나는 너무 못생겼고 모든 사람이 나를 싫어해.
나는 내 머리 스타일이 마음에 들지 않아. 내 머리 스타일 때문에 나만 눈에 띄는 것 같아.

내가 학교에 또 지각했기 때문에 부모님께서 나에게 화가 나신 거야.
가족들 모두 나를 싫어해.

쇼핑은 너무 지루해. 내가 원하는 것을 얻은 적이 없어.
엄마, 저는 저기 있는 저 큰 알사탕이 먹고 싶어요.

훌라훌라

여러분의 미션은 A-F 목표 설정 계획을 사용하여 다음의 문제를 해결하는 것입니다. 손이나 발을 쓰지 않고 짝과 협력하여 고리를 방 한쪽에서 반대편으로 옮겨 보세요. 고리를 옮기기 전에 어떻게 할지 먼저 생각해 보고 A-D 질문의 답을 완성해 보세요.

(A) 팀의 목표는 무엇인가요?

_____

_____

_____

_____

(B) 목표를 실현하기 위해 무엇을 할 수 있나요? (생각)

1. _____

  _____

2. _____

  _____

3. _____

  _____

(C) 목표에 도달하는 데 방해가 될 수 있는 것은 무엇인가요? (결과)

1. _____

  _____

2. _____

  _____

3. _____

  _____

(D) 가장 훌륭한 아이디어는 무엇인가요?

_____

_____

_____

_____

(E) 짝과 함께 그 계획을 시도해 보세요.

(F) 어떻게 되었나요? 효과가 있었나요?

긍정적인 결과	향상시켜야 할 점

과제 8a: 슈퍼스타

사람들은 스트레스가 쌓이면 목표 설정을 하는 데 필요한 아이디어를 떠올리기 어려울 수 있습니다. 사람들은 이런 상황에서 답답함을 느낍니다. 또한 답답하다고 느낄수록 더 많은 스트레스를 받게 되므로 악순환이 일어납니다. 이럴 경우 자신이 아닌 다른 누군가가 동일한 상황에 있다고 가정하고 그 사람이 어떻게 대처할지 생각해 보면 목표 설정에 도움이 되는 아이디어를 얻을 수 있습니다. 존경하는 사람 또는 여러분이 생각하기에 어려운 상황에 잘 대처한다고 생각하는 사람을 떠올려 보세요. TV에 나오는 슈퍼스타, 만화 캐릭터, 가족 구성원이나 또는 친구일 수도 있습니다. 그리고 다음의 빈칸을 채워 보세요.

여러분에게 큰 두려움이나 스트레스를 주는 문제는 어떤 것이 있을까요?

```
[                                                                    ]
```

이 문제를 개선하기 위한 목표를 적으세요(상황이 어떻게 되기를 바라나요?).

```
[                                                                    ]
```

이 상황에서 대처를 잘 할 수 있을 것 같은 슈퍼스타나 다른 인물의 이름을 써 보세요(슈퍼스타가 실제 인물일 필요는 없습니다).

```
[                                                                    ]
```

위의 인물은 두려움이나 스트레스가 많은 이 상황에서 어떻게 대처할까요? 그는 어떤 행동을 하고 어떤 감정을 느끼게 될까요?

```
[                                                                    ]
```

과제 8b: 목표 설정

이번 주 과제는 여러분의 인생에서 여러분을 힘들게 만드는 것들을 알아보는 것입니다. A~F 목표 설정 계획을 사용하여 여러분의 목표를 성취해 보세요.

(A) 여러분의 목표는 무엇인가요?

_____

_____

_____

_____

_____

(B) 목표를 실현하기 위해 무엇을 할 수 있나요? (생각)

1. _____

   _____

2. _____

   _____

3. _____

   _____

(C) 목표에 도달하는 데 방해가 될 수 있는 것은 무엇인가요? (결과)

1. _____

   _____

2. _____

   _____

3. _____

   _____

(D) 가장 훌륭한 아이디어는 무엇인가요?

_____

_____

_____

_____

(E) 짝과 함께 그 계획을 시도해 보세요.

(F) 어떻게 되었나요? 효과가 있었나요?

긍정적인 결과	향상시켜야 할 점

SESSION 09

두려움 사이클과 안전 추구 행동

목표

- 모든 사람은 다 다르며 걱정의 대상도 다 다름을 배운다.
- 특정 생각과 감정에 의해 답답함을 느끼는 경우가 있음을 안다.
- 사람들이 걱정으로부터 자신을 지키기 위해 사용하는 다양한 방법을 찾아보고, 종종 그 방법들이 어떤 결과를 가져오는지 알아본다.

준비

의자, 연필

주제 및 회기 진행을 위한 팁

* 표시가 되어 있는 활동은 반드시 진행한다. 그 외의 활동은 집단의 진행 상황에 따라 자유롭게 선택할 수 있다. 때로 시간이 충분하지 않을 수도 있으나 집단원의 적극적인 참여를 위해 프로그램에서 '흥미'를 잃지 않도록 하는 것이 중요하다.

Short Session

활동	설명
* 피드백	집단원과 인사를 한 다음 회기의 주제를 나눈다. 한 주 동안 지낸 이야기를 간단히 나눈다.
* 과제 검토하기	간단히 과제를 검토하는 시간을 갖는다. 집단 리더는 자세한 검토를 위해 과제를 제출하도록 하며, 제출한 과제는 다음 회기나 프로그램이 종료할 때 돌려준다. 지난주 과제에 대해 이야기하는 시간을 갖는다.
늪지 괴물	이 활동을 진행하기 위해서는 넓은 공간이 필요하다. 이 게임으로 회기를 시작할 수도 있다. 걱정 혹은 화가 난 감정들이 어떻게 자기 자신을 무기력에 빠지게 할 수 있는지 이해할 수 있도록 한다.
* 사람은 다 달라	어떤 집단원은 읽는 것에 몰두할 수 있다. 그러나 이 때문에 회기 진행이 지연되지 않도록 유의한다. 집단원들이 자신에게 중요하다고 표시한 것들 중 한두 가지를 나눈다.
* 당황하지 않기	이 활동은 생각과 감정 간의 연결을 이해하도록 돕는다. 걱정스러운 생각이 어떻게 신체 감각을 자극시키고 악순환을 가져오는지 이해한다.
* 안전 제일	혼자 혹은 짝과 함께 184쪽의 질문에 답을 할 수 있으며, 집단 내에서 함께 이야기를 나눈다. 만약 시간이 제한되어 있다면, 184~185쪽의 예시를 읽고 안전 추구 행동에 대해 이야기하도록 유도한다. 집단원을 소집단으로 나누고, 예시 속의 인물들(로렌, 케이티, 잭, 해리)을 배정한 다음 각각의 인물이 두려움을 극복하기 위해 어떤 다른 행동들을 취할 수 있는지 역할극 또는 그림을 통해 설명해 보는 시간을 갖는다.

* 나의 안전 추구 행동	만약 어떤 집단원이 자신이 두려워하는 것을 떠올리지 못한다면, 가상의 이야기를 지어내거나 다른 사람이 두려워하는 것을 선택할 수 있다.
* 과제 9a: 숨은 걱정들	집단원이 자신의 회피 행동을 관찰하도록 격려한다.
* 과제 9b: 난 뭘 해야 하지	이 과제는 각자의 안전 추구 행동에 대한 이해를 높이는 데 도움을 준다. 자신의 행동이 두려움에 대처하는 데 도움이 되는지 또는 방해가 되는지 알 수 있도록 한다.

Long Session

'늪지 괴물' 활동을 포함할 수 있다. 이야기나 비디오나 DVD를 통해 안전 추구 행동의 예시를 보여 준다. 디즈니 만화 〈덤보(Dumbo)〉는 매우 좋은 예로 활용될 수 있다. 영상에서 작은 코끼리 덤보는 자신이 새의 깃털을 쥐고 있기 때문에 날 수 있다고 생각한다. 그러나 덤보는 사고로 깃털을 떨어뜨린 후에야 비로소 자신이 깃털 없이도 날 수 있다는 것을 깨닫는다. 184~185쪽에 있는 활동에서 집단원들이 연기하고 싶은 인물을 고르는 데 더 많은 시간을 할애할 수 있다.

Notes

184~185쪽에 있는 인물들 중 자신과 동일한 모습을 갖고 있는 인물이 있다면 X 표시를 하도록 하는 것도 좋다. 대부분의 사람은 자신들의 삶 속에 활동에서 제시된 모든 인물의 모습을 가지고 있다. 그러나 집단원 스스로 자신들과 유사하다고 밝힌 인물들(로렌, 케이티, 잭, 해리)을 중심으로 더 자세하게 살펴볼 필요가 있다. 이는 사회 불안, 강박충동장애, 공황 발작과 같은 불안장애들의 증상들과 유사하다.

늪지 괴물

위험하고 더러운 늪지 괴물이 돼지 나라의 깊은 진흙 늪에서 탈출했습니다.

만약 늪지 괴물이 마법의 진흙 손가락으로 여러분을 만지면 여러분은 자동적으로 다음 그림의 돼지처럼 꼼짝 못하게 될 것입니다. 늪지 괴물의 늪의 마법에서 자유로워질 수 있는 유일한 방법은 다른 집단원이 여러분의 다리 사이를 기어가는 것입니다.

만약 모두가 늪지 괴물에 의해 늪에 빠지게 되면 그의 힘은 더욱 강력해지며 결국에는 그가 이기게 됩니다.

이 활동을 통해 알 수 있는 것은 다음과 같습니다.

- 때때로 닥친 문제와 걱정들로 인해 우리는 갇혀 있다는 느낌을 갖게 됩니다.
- 우리가 벗어나기 위해 취하는 행동들이 오히려 우리를 더 갇히게 만들 수도 있습니다.
- 두려움으로부터 도망가려는 행동이 우리를 더 가둘 수 있습니다.
- 문제가 너무 커 보인다 하더라도 다른 사람에게 도움을 요청하는 것이 좋습니다.

사람은 다 달라

모든 사람은 다 다르며 걱정하는 것들도 다 다릅니다. 왜냐하면 사람들이 추구하는 가치와 중요하게 여기는 것들이 다 다르기 때문입니다. 보통 이러한 가치는 인생의 경험이나 가족으로부터 얻게 됩니다. 만약 여러분의 가족 구성원 중에 누군가가 어떤 것에 대해 뚜렷한 생각을 가지고 있다면 여러분도 그와 같은 생각을 가질 확률이 높습니다.

로렌의 엄마는 종종 로렌에게 쓰레기를 함부로 버리는 것은 잘못된 행동이라고 얘기합니다. 로렌 또한 그것이 나쁜 행위라고 생각합니다. 이와 반대로, 잭의 엄마는 운전 중에 창문 밖으로 쓰레기를 버립니다. 자연스럽게 잭도 길거리에 쓰레기 버리는 것을 별로 개의치 않아 합니다. 다음의 목록은 많은 아동이 중요하다고 느끼는 가치들을 포함하고 있습니다. 목록을 보고 여러분이 중요하다고 여기는 것을 찾아 동그라미 표시를 해 보세요.

다른 아이들이 나를 좋아하는 것	운동을 잘하는 것	친절하고 착한 것
날씬한 것	공부를 잘 하는 것	완벽하고 실수하지 않는 것
거칠고 강한 것	다른 사람들과 다른 것	가족과 함께할 때 행복한 것
동물을 돌보는 것	무엇을 만들거나 고치는 것을 잘하는 것	다른 사람에게 매력적인 것

동그라미 표시가 된 것들은 여러분에게 매우 중요한 것들일 것입니다. 여러분의 걱정은 대부분 이것들에 대한 것일 테지요. 이 중에 한 가지가 뭔가 잘못되거나, 어떤 한 가지를 잘 해내지 못한다고 느낀다면 여러분은 매우 불편한 감정을 갖게 됩니다. 이것을 때로는 '촉발요인'이라고 부릅니다. 우리는 모두 다 다르기 때문에 걱정을 일으키는 촉발요인도 다 다릅니다.

 예를 들어, 왼쪽의 강아지 피도를 보세요. 만약 어떤 사람이 피도의 뼈다귀를 가져가려 한다면 피도는 매우 화를 낼 것입니다. 반면, 오른쪽의 고양이 펠릭스는 뼈다귀에는 관심이 없기 때문에 누구에게 뼈다귀가 있는지 신경 쓰지 않을 것입니다. 그러나 펠릭스의 밥그릇에 손을 대는 사람은 봉변을 당할 수 있습니다!

당황하지 않기

사람들은 과거에 일어났던 일보다 미래에 벌어질 일에 대해 걱정합니다. 이러한 걱정은 점점 더 두렵고 답답하게 만드는 악순환에 빠지기 쉽습니다. 이러한 순환을 '두려움 사이클'이라고 부르기도 합니다. 다음의 잭과 케이티의 예를 살펴보세요.

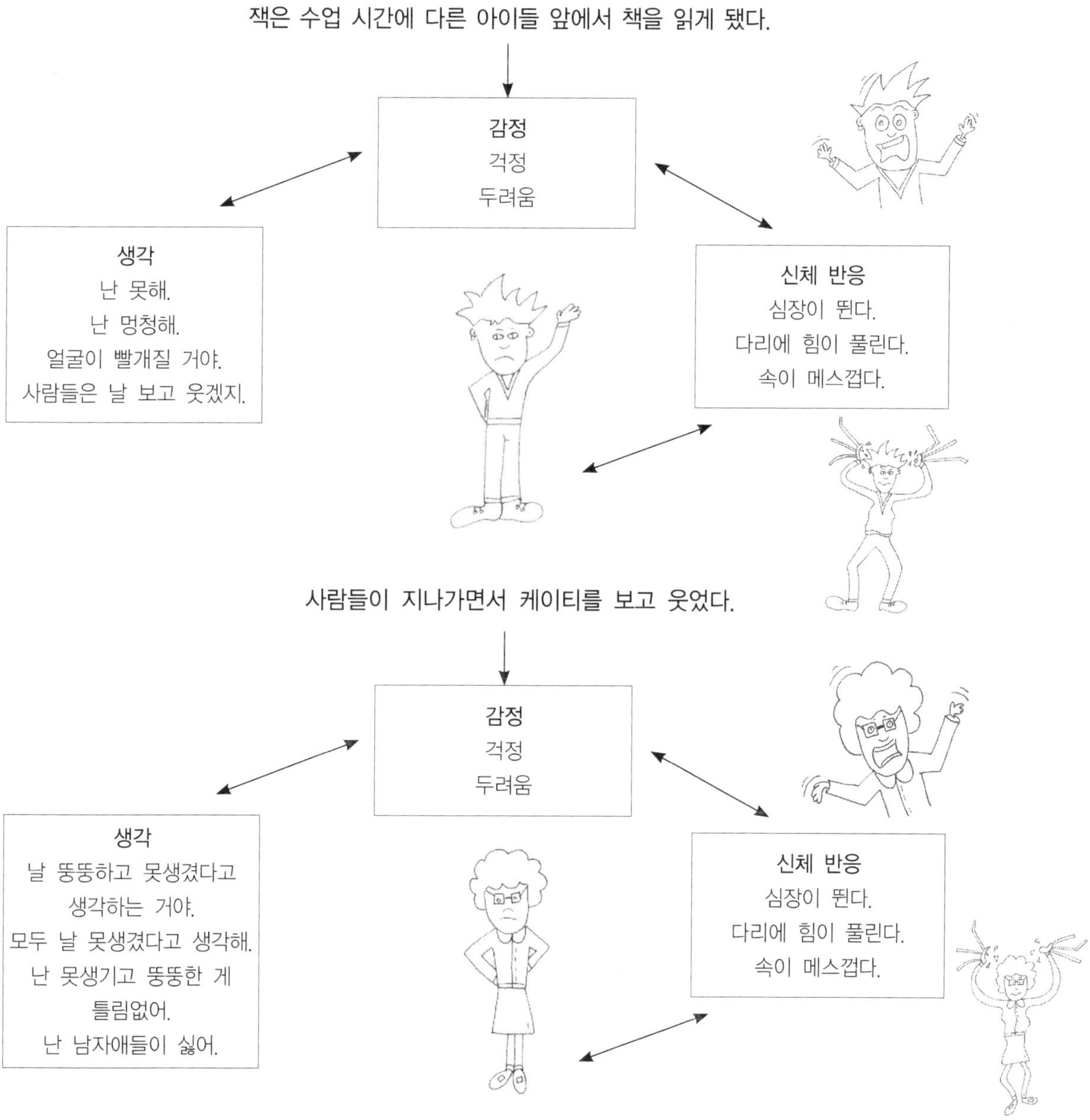

잭은 수업 시간에 다른 아이들 앞에서 책을 읽게 됐다.

감정
걱정
두려움

생각
난 못해.
난 멍청해.
얼굴이 빨개질 거야.
사람들은 날 보고 웃겠지.

신체 반응
심장이 뛴다.
다리에 힘이 풀린다.
속이 메스껍다.

사람들이 지나가면서 케이티를 보고 웃었다.

감정
걱정
두려움

생각
날 뚱뚱하고 못생겼다고
생각하는 거야.
모두 날 못생겼다고 생각해.
난 못생기고 뚱뚱한 게
틀림없어.
난 남자애들이 싫어.

신체 반응
심장이 뛴다.
다리에 힘이 풀린다.
속이 메스껍다.

잭과 케이티는 쉬는 시간에 또래들에게 괴롭힘을 당했습니다.
이들은 이번 쉬는 시간에도 같은 일을 당할까 봐 두려워합니다.

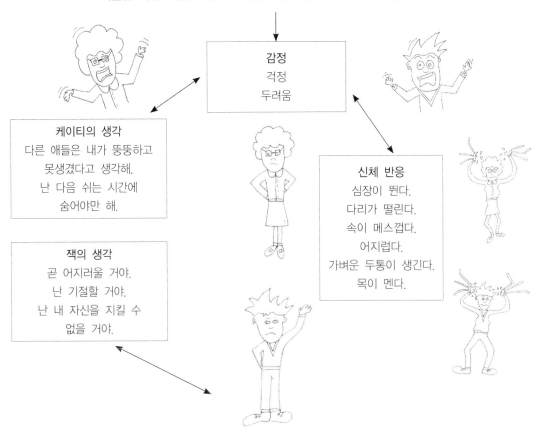

다양한 상황에서 케이티와 잭의 걱정이 얼마나 다른지 보았나요? 이 둘의 생각이 다른 것은 각자가 중요하다고 생각하는 것이 다르기 때문입니다. 케이티는 외모에 대해 걱정하고 잭은 신체적으로 고통받는 것을 걱정하는 것 같습니다. 이제 여러분이 무엇인가에 대해 걱정했을 때를 떠올려 보세요. 다음의 빈칸에 여러분의 '두려움 사이클'을 기록해 보세요.

어떤 사건이 여러분을 두려워하게 만들었나요? _____

안전 제일

걱정이나 두려움은 매우 불편하게 만들며 또한 악순환을 일으키기 때문에 사람들은 이를 벗어나기 위해 다양한 시도를 합니다. 이를 안전 추구 행동이라고 하지요. 문제는 이 안전 추구 행동이 종종 사람들을 속인다는 것입니다. 이 행동들은 잠깐 동안 사람들의 걱정이나 두려움을 제거하는 데는 도움이 될지 모르나, 두렵고 답답한 감정은 곧 또다시 찾아옵니다. 다음의 짧은 이야기들은 안전 추구 행동의 예시들입니다.

기차에 탄 어떤 아이들이 공중에 종이 조각들을 던지고 있었습니다. 이 때 한 아이가 "너희들 뭐하는 거니?"라고 소리쳤습니다. 그러자 그 아이들은 "기차에 코끼리가 오지 못하도록 하는 거야."라고 대답했습니다. 그 아이는 의아해하면서 다시 소리쳤습니다. "그런데 이 지역엔 코끼리가 없어. 그리고 분명히 이 기차에도 없는데." "맞아."라고 아이들은 즐겁게 말했습니다. "우리의 작전이 제대로 들어맞았어! 그렇지 않니?"

잭은 직접 만든 특별한 파티 음료를 선보이기 위해 해리, 케이티와 로렌을 집으로 초대했습니다. 그들이 도착했을 때 그들은 많은 양의 마늘이 주방 창턱과 현관에 걸려 있는 것을 보았습니다. 그들은 이상하다고 생각했지만 그것들에 대해 물어보지 않았습니다. 그들은 그냥 '아, 이게 파티를 위한 건가?'라고 생각했습니다. 잭이 자신 있게 내놓은 첫 번째 요리는 마늘빵이었습니다. 매우 맛있었습니다! 잭은 마늘 모양의 잔에 담긴 독특한 맛이 나는 음료와 함께 메인 요리로 마늘 치킨을 쟁반에 담아 왔습니다. 마지막으로 특별한 형태의 마늘 아이스크림이 후식으로 나왔을 때 친구들은 크게 웃었습니다. 잭은 친구들이 왜 웃는지 모르는 듯했습니다. 잠시 후 로렌이 물었습니다. "왜 죄다 마늘로 한 거야?" 잭은 잠시 말이 없다가 매우 진지한 목소리로 말했습니다. "당연히 뱀파이어를 멀리하기 위해서지." 해리, 케이티와 로렌은 또다시 웃으며 "그런데 뱀파이어는 없어."라고 말했습니다. "맞아." 잭이 웃으며 말했습니다. "마늘이 그들을 내쫓았으니까."

왜 잭은 그렇게 많은 마늘을 집에 보관하고 있었을까요?

잭은 스스로의 안전을 지키기 위해 어떤 안전 추구 행동을 했나요?

여러분은 잭이 그렇게 많은 마늘을 집에 두는 것이 뱀파이어에 대한 두려움을 극복하는 데 도움이 된다고 생각하나요? 만약 그렇다면, 그렇게 생각하는 이유는 무엇인가요?

뱀파이어가 존재하지 않는다는 것을 잭이 알려면 어떤 일이 일어나야 할까요? 여러분이라면 잭에게 어떤 이야기를 해 줄 건가요?

짝과 함께 다음의 이야기들을 읽어 보고, 이야기 속 인물들이 어떤 안전 추구 행동을 했는지 찾아 동그라미 표시를 해 보세요. 위의 네 인물 중 한 사람을 정한 다음 두려움을 극복하거나 대처하는 데 도움이 될 만한 다른 행동을 직접 보여 주거나 글 또는 그림으로 보여 주세요.

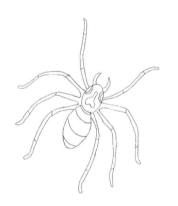

로렌은 거미를 무서워한다. 거미를 볼 때마다 공황 상태에 빠지기 때문에 재빨리 도망간다. 거미에게서 멀어지면 기분이 나아지는 것을 느끼지만, 다음에 친구들을 만나면 부끄러워진다. 로렌은 방에 들어갈 때마다 많은 시간을 들여 거미나 거미처럼 생긴 것이 있는지 샅샅이 찾는다. 그녀는 수업을 듣는 것보다 거미를 찾는 데 더 많은 시간을 보낸다.

케이티는 사람들이 자신에 대해 어떻게 생각하는지 늘 걱정을 한다. 사람들 앞에서 실수할까 봐 두려워 거울 앞에서 말하는 연습을 하는 데 많은 시간을 보낸다. 어떤 말을 할지 미리 연습하지 않으면, 혹여 자신이 다른 사람의 기분을 상하게 할까 봐 거의 아무 말도 하지 않는다.

잭은 세균이 몸에 닿는 것을 두려워한다. 그는 세균에 옮아 병에 걸리는 것을 예방하기 위해 손을 수차례 닦는다. 그는 정해진 어떤 순서에 따라 손을 씻지 않으면 반드시 손을 다시 씻어야 한다고 느낀다. 이렇게 씻고 나면 손이 매우 아프다.

해리의 아빠는 심장마비로 돌아가셨다. 해리는 가끔 극심한 공포를 느낄 때면 가슴이 죄어 오고 자신도 쓰러져 심장마비가 올 것이라고 생각한다. 의사는 그에게 아무 문제가 없다고 했지만 그는 불안감을 느낄 때면 쓰러지지 않기 위해 항상 무언가를 붙잡는다. 혹시 모르니까!

잭은 학교에 대한 생각만 해도 심한 두려움에 빠진다. 그는 엄마에게 두통이 있다고 하거나 아프다고 한다. 엄마는 그가 걱정이 되어 집에 그냥 있으라고 하신다. 잭은 집에 있는 게 지루하지만 진저리나는 불안감이 다시 찾아올까 봐 밖에 나가지 않을 계획이다.

로렌은 최고의 클럽에서 테니스를 친다. 그녀는 테니스를 매우 잘 치며 한 번도 진 적이 없다. 처음 테니스 경기를 했을 때 어떤 사람이 로렌에게 서브를 하기 전에 라켓을 열 번 돌리면 경기를 잘 할 것이라고 말했다. 그녀는 이제 그렇게 라켓을 돌리는 것이 지겹지만 혹시 하지 않으면 경기에 질까 봐 겁이 난다.

나의 안전 추구 행동

여러분이 두려워하는 것들을 적어 보세요(예: 거미, 높은 곳, 부모님의 싸움, 수줍음 등).

두려움을 피하기 위해 여러분은 어떤 행동을 하나요?(예: 세균을 피하기 위해 손을 씻는다, 거미 근처
는 가지 않는다, 다른 걸 생각한다)

여러분이 두려워하는 것과 마주했을 때 만약 그 상황에서 벗어날 수도 없고 위에 적은 행동 또한
할 수 없다면 어떤 최악의 상황이 벌어지게 되나요?(예: 기절한다, 죽는다, 미친다, 소리를 지른다, 비웃
음을 당한다)

과제 9a: 숨은 걱정들

많은 사람은 자신이 무엇을 두려워하는지 쉽게 생각해 내지 못합니다. 그 이유는 우리가 무엇을 무서워한다는 사실을 인정하고 싶지 않기 때문입니다. 우리는 "나는 내 한계를 알아" "왜 그래야 하지?" "난 별로 인정하고 싶지 않아."라고 이야기합니다. 두려움을 느끼는 것은 불편한 감정이기 때문에 우리는 두려움을 일어나는 상황을 피하려고 합니다. 여러분이 피하고 싶은 것들을 떠올려 보세요. 그리고 그것들을 피하는 이유가 실제로 두려움 때문인지 자신에게 물어보세요.

다음의 예문을 참고하세요.

케이트: 난 파티에 가고 싶지 않아. 별로 예뻐 보이지 않아.
(좋은 옷이 없어서 우스꽝스럽게 보일까 봐 겁나. 뚱뚱하고 촌스러워 보이는 옷들뿐이야.)

해리: 난 오늘 운동장에서 축구하고 싶지 않아. 지겨워.
(사실은 긴 수풀 사이에 뱀이 숨어 있을까 봐 겁이 나.)

로렌: 테니스 경기를 하고 싶지 않아. 피곤해.
(내가 경기를 잘 못해서 내 파트너와 팀을 실망시킬까 봐 두려워.)

잭: 지금은 네가 우리 집에 저녁 먹으러 오기엔 너무 늦었어.
(우리 부모님이 또 싸우시면 난 너무 부끄러울 것 같아.)

Alexander, J. (2006). *Bullies, Bigmouths and So-called Friends*. London: Hodder Children's Books에서 인용. Text copyright © Jenny Alexander 2003. Reproduced and adapted by permission of Hodder and Stoughton Limited.

다음 빈칸에 여러분이 하고 싶지 않은 것들을 써 보세요. 두려움 때문에 피하는 행동이 있다면 동그라미 표시를 해 보세요.

과제 9b: 난 뭘 해야 하지

정말 두려웠거나 걱정스러웠던 시간들을 떠올려 봅니다. 다음의 빈칸들을 채워 보세요.

무슨 일이 있었지?

_____

_____

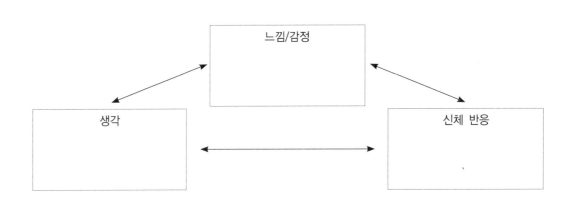

여러분의 걱정을 덜어 준 행동들(안전 추구 행동)을 적어 보세요(예: 도망가기, 집에 있기 등).

1. _____

2. _____

3. _____

만약 다음에 여러분이 두려움을 마주했을 때 도움이 될 만한 다른 방법이 있다면 그것이 무엇인지 다음의 빈칸에 적어 보세요.

SESSION 10

두려움에 직면하기

목표

- 자신이 직면한 문제들을 성취 가능한 작은 단계들로 나누는 방법을 배운다.
- 목표를 성취하는 모습을 상상하는 것이 얼마나 도움이 되는지 이해한다.
- 상황 대처를 잘하는 사람을 모델로 삼아 자신의 두려움을 극복하는 데 도움을 얻는다.

준비물

의자, 연필, 끈 달린 신발

주제 및 회기 진행을 위한 팁

* 표시가 되어 있는 활동은 반드시 진행한다. 그 외의 활동은 집단의 진행 상황에 따라 자유롭게 선택할 수 있다. 때로 시간이 충분하지 않을 수도 있으나 집단원의 적극적인 참여를 위해 프로그램에서 '흥미'를 잃지 않도록 하는 것이 중요하다.

Short Session

활동	설명
* 피드백	집단원과 인사를 한 다음 회기의 주제를 나눈다. 한 주 동안 지낸 이야기를 간단히 나눈다.
* 과제 검토하기	간단히 과제를 검토하는 시간을 갖는다. 집단 리더는 자세한 검토를 위해 과제를 제출하도록 하며, 제출한 과제는 다음 회기나 프로그램이 종료할 때 돌려준다.
하나, 둘, 나는 신발 끈을 묶을 수 있어	이 활동을 완성할 수 있도록 2분의 시간을 준다. 집단원은 지시 사항들을 몇 개의 단계로 나누었는지 서로 비교해 본다. 외계인 역할을 자원한 집단원은 제시된 단계들을 따라 임무를 수행한다. 단계가 분명하게 나뉘어 있지 않으면 지시 사항들을 따르기 어려울 것이다.
* 두려움을 느껴라	193쪽을 집단원에게 읽게 하고 '분홍 코끼리 이론'을 실제로 적용하는 시간을 갖는다. 이 활동을 통해 '두려운 생각'을 멀리 하면 할수록 더욱더 큰 두려움에 휩싸이고 그것을 극복하기 어려워진다는 것을 알게 된다. 또한 이 활동은 9회기에 나온 안전 추구 행동과 연관이 있다.
* 두려움 나누기	두려움이 어떻게 발전되며, 어떤 방법으로 극복될 수 있는지 설명한다. 집단원은 두려움을 극복했던 경험들을 발표할 수 있다. 어떻게 극복할 수 있었나? 누구에게 도움을 받았는가? 지금은 그 두려움을 어떻게 생각하는가?
* 한 걸음 한 걸음	머페트 양이 거미 공포증을 극복해 가는 단계들을 관찰하는 시간을 갖는다.

* 나의 단계별 계획　무엇(어떤 목표)을 달성하고 싶은지 구체적으로 생각한 다음 사다리 맨 위 (7단계)에 그 목표를 적는다. 최종 목표를 정한 후에는 1단계에서 시작하여 단계적으로 올라가거나 7단계에서 시작하여 단계적으로 내려간다. 그런 다음 집단에서 단계별 계획을 나눈다. 만약 집단원 자신이 무엇을 두려워하는지 떠올리지 못하면 친구나 주변 사람들을 도울 수 있는 단계별 계획을 만들 수 있다. 이 활동에서는 과정을 배우는 것이 중요하다. 집단원이 기본 개념을 이해한다면 준비가 되었을 때 자신의 두려움 또는 어려운 상황에 이 원리를 적용할 수 있을 것이다.

* 과제 10a: 상상하고, 상상하고, 상상하자　이 활동의 목표는 집단원이 두려움에 맞서는 자신의 모습을 상상하는 데 있다. 많은 사람은 자신들의 두려움을 회피하려는 성향을 갖고 있기 때문에 단순히 두려움을 떠올리는 것만으로도 그것에 대처하는 첫걸음이 된다. 두려움과 함께 있는 자신을 상상하는 것만으로도 매우 큰 힘을 얻을 수 있으며 자신감이 향상될 수 있다.

* 과제 10b: 두려움을 직면하는 방법　이 활동은 집단원이 서로 협력하여 새로운 대처 방법을 고안하도록 하는 데 목적이 있다.

Long Session

'하나, 둘, 나는 내 신발 끈을 묶을 수 있어' 활동을 포함시킨다. 두려움에 대한 짧은 이야기를 쓰거나 그림을 그릴 수도 있다. 이야기나 그림 속 등장인물이 지금까지 습득한 기술들(파란 신호 생각, 자신이 두려움에 대처하는 장면 상상하기, 두려움을 작은 단계들로 나누기 등)을 통해 두려움에 대처하는 내용을 담게 한다. 또한 짝과 함께 단계별 계획을 역할극으로 보여 줄 수 있다.

하나, 둘, 나는 신발 끈을 묶을 수 있어

여러분이 한 외계인을 만났다고 상상해 보세요. 그 외계인은 신발 끈을 어떻게 묶는지 배우기를 원합니다. 그 외계인은 이전에는 전혀 신발을 신어 보지 않았기 때문에 "리본을 묶어." 또는 "끈을 구멍에 꿰라."와 같은 지시를 이해하지 못합니다. 따라서 그 외계인이 이해할 수 있도록 지시 사항을 매우 상세하고 분명한 단계들로 나눠야만 할 것입니다. 다음의 빈칸에 여러분의 지시 사항들을 적어 보세요. 집단원 중에서 누가 지시 사항을 가장 많은 단계로 나누었는지 살펴볼까요?

여러분의 지시 사항을 다른 집단원에게 주고 그가 단계별로 잘 하고 있는지 확인해 보세요.

신발 끈 묶기: 외계인을 위한 설명서

두려움을 느껴라

두려움이나 걱정을 가지고 있는 대부분의 사람은 어떻게 해서든 그것을 피하려고 합니다. 그들은 그 두려움에 대해 듣는 것도, 생각하는 것도, 또한 말하는 것도 싫어합니다. 그리고 무엇보다도 그것을 직면하는 것을 원하지 않습니다. 그들은 단지 그 두려움이 멀리 사라지기를 원하지요. 그러나 사람들의 걱정거리는 쉽게 떠나지 않습니다. 오히려 피하려고 하거나 생각에서 지우려 할수록 그것은 사람들을 더 괴롭히게 됩니다.

분홍 코끼리 이론(pink elephants theory)

예를 들어, 자, 이제 눈을 감고 분홍 코끼리에 대해 생각하지 않도록 열심히 노력해 보세요. 무슨 일이 일어났습니까? 많은 사람은 분홍 코끼리에 대해 더 생각하게 된다고 말했습니다. 이것은 어떤 것에 대해서 생각하지 않으려 하면 할수록 더 생각이 난다는 사실을 증명해 줍니다.

실제로 걱정거리를 완벽하게 없애는 유일한 방법은 그것을 직면하는 것입니다. "도전하라, 한 번도 실패해 본 적이 없는 것처럼."(Jeffers, 1987)이라는 말도 있지요.

말처럼 쉽지 않지만 여러분에게 도움이 될 수 있는 기술들이 있습니다.

- 파란 신호 생각을 하자(7회기).
- 작은 단계들로 나누어 실행하자.
- 목표를 달성하거나 문제 혹은 두려움에 대처하는 자신을 상상해 보자.

참고문헌: Jeffers, S. (1987). *Feel the fear and Do It Anyway: How to Turn Your Fear and Indecision into Confidence and Action.* Ballantine Books.

두려움 나누기

많은 사람은 말을 타다가 떨어질 경우 재빨리 안장으로 돌아가야 한다는 것을 알고 있습니다. 사람은 안 좋은 일을 경험을 하게 되면 다시 그 일이 일어날까 봐 두려워합니다. 그러나 그 두려움에 빨리 직면할수록 두려움을 극복하기가 더 쉬워집니다. 두려움에 직면하는 것이 미뤄질수록 두려움은 점점 더 커집니다. 두려움이 당신보다 더 커졌을 때는 더 이상 그것과 맞설 방법이 없습니다. 그러므로 두려움을 단계별로 나누어 가장 작은 두려움부터 직면해야 합니다.

Alexander, J. (2006). *Bullies, Bigmouths and So-called Friends*. London: Hodder Children's Books에서 요약. Text copyright © Jenny Alexander 2003. Reproduced and adapted by permission of Hodder and Stoughton Limited.

로렌의 하이 다이빙

로렌은 수영장에서 다이빙 코칭을 받고 있다. 그녀는 그것을 정말로 좋아하며 또 잘한다. 그녀는 여러 가지 종류의 다이빙을 할 수 있다. 뒤로 돌아 뛰어올라 물속으로 뛰어들 수도 있고 공중묘기를 하며 물에 뛰어들 수도 있다. 그러나 몇 년 전에 다이빙에서 실수했던 경험을 한 이후로 로렌은 높은 다이빙대를 두려워하게 되었다. 로렌의 부모님은 용기를 내어 도전하면 선물을 주겠다는 제안을 했지만 그녀는 두렵기만 했다. 높은 다이빙대의 끝에서 아래를 내려다봤을 때, 그녀는 다리가 풀리고 무릎이 서로 부딪칠 정도로 떨렸다. 그녀는 '이건 너무 두려운 일이야. 나는 다칠 게 분명해.'라고 생각했고 이전에 실수했던 경험과 사람들의 비웃음, 병원행 등 두려운 장면들이 머릿속을 스쳐 지나갔다. 마음이 약해진 로렌은 자신은 이제 절대 높은 다이빙대에서 다이빙하는 것을 배우지 못할 것이라고 믿었다.

로렌의 코치는 포기하지 않고 인내심을 가지고 로렌이 수영장 한쪽에서 쉬운 다이빙을 계속해서 연습하도록 격려하였다. 점차 로렌은 수영장 구석에서 첫 번째 다이빙대까지 진행할 수 있었다. 로렌은 두려움에 직면하기 위해서 단계별로 접근하는 방법을 사용하였다. 첫 번째 다이빙대에서 완벽하게 성공한 후에 코치는 로렌이 더 높은 두 번째 다이빙대에서 다이빙을 하도록 격려하였다.

처음에 로렌은 조금 초조했으나 곧 자신감을 얻었으며 멋지게 다이빙을 하였다. 심지어 수영장 갤러리에서 보고 있는 부모님께 기술을 자랑하려고 공중묘기까지 완성했다. 결국 코치는 로렌에게 가장 꼭대기에서 다이빙을 시도해 보도록 제안했다. 로렌은 긴장된 모습으로 다이빙대의 끝에 섰다. 그러나 많은 연습을 했기 때문에 이제는 가장 높은 다이빙대가 그렇게 높아 보이지 않았다. 그녀는 잠깐 멈추고는 코치의 가르침에 따라 성공적으로 다이빙을 하는 모습을 상상한 다음 팔을 올리고 공중으로 높이 뛰었다. 머리카락을 통해서 강한 바람이 스쳤다. 그녀는 몸을 둥글게 굽혀 잽싸게 물로 뛰어들어 완벽하게 다이빙을 완성했다. 성공! 로렌은 해냈다. 로렌은 작은 단계부터 시작했고 마침내 두려움을 극복했다.

위 예시의 로렌처럼 여러분이 두려움을 극복한 순간이 있었나요? 두려움을 단계적으로 접근했나요? 어떤 방법으로 두려움을 극복했나요?

한 걸음 한 걸음

여러분이 두려워하는 것을 직면하기 위해서 두려움을 작은 단계들로 나누는 것은 도움이 됩니다. 다음은 단계적인 접근 방법을 사용하여 머페트 양이 어떻게 거미 공포증을 극복해 나가는지 보여 주고 있습니다. 이 접근 방법은 거미 공포증에만 적용될 수 있는 것은 아닙니다. 사실 이와 같은 접근 방법은 높은 곳, 물, 곤충, 쥐, 대중 앞에서 말하는 것, 질병, 학교 등 많은 두려움을 극복하는 데 사용될 수 있습니다.

중요한 것은 목표 달성을 7단계로 나누어 시작하는 것입니다. 여기에는 여러분이 두려움을 극복할 때 하기 원하는 것들이 포함되어야 합니다. 두려움을 극복하기 위해 머페트 양이 거미를 좋아할 필요는 없다는 점에 주목하세요. 단지 손 위에서 거미가 기어가도록 하는 것으로 충분합니다!

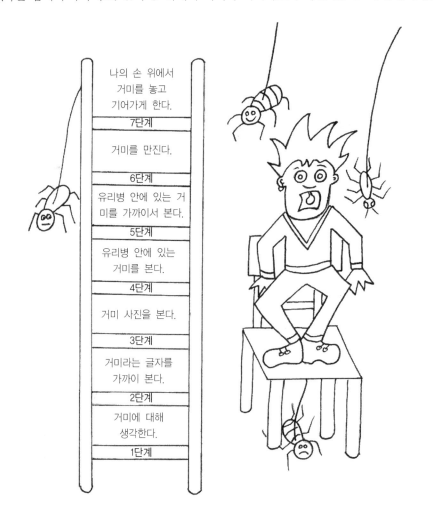

나의 단계별 계획

모든 사람은 다 다르기 때문에 각자 사다리에 적는 단계들이 다를 것입니다. 우선 여러분의 사다리 가장 꼭대기(7단계)에 달성하고 싶은 목표를 적어 보세요. 그리고 가장 쉬운 단계를 1단계로 해서 난이도를 점점 더 높여 6단계까지 완성해 보세요. 단계가 작으면 작을수록 목표를 성취하기가 더 쉬울 것입니다.

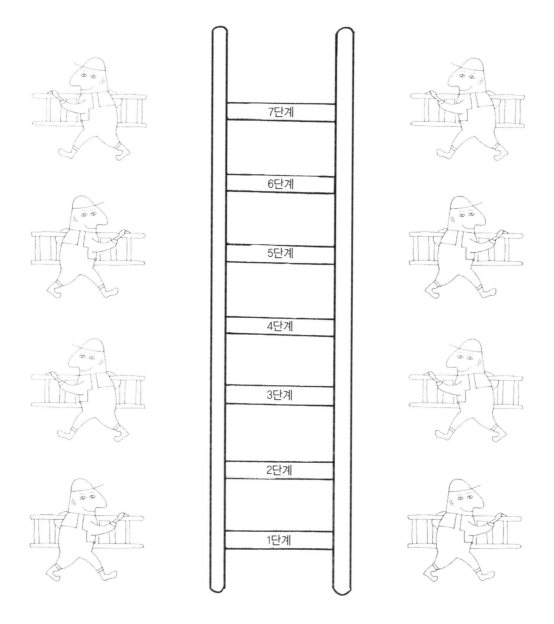

과제 10a: 상상하고, 상상하고, 상상하자

어떤 문제나 두려움을 극복하기 위해서 두려움에 대처하는 자신의 모습을 상상하는 것은 매우 큰 도움이 됩니다. 마음을 편안하게 갖고 두려움을 멋진 방법으로 극복하는 자신의 모습을 상상해 보세요. 마법을 사용하여 괴롭히는 아이들을 개구리로 변신시키기, 높은 다이빙대에서 다이빙하기, 과학 시험에서 만점 받기, 무서운 괴물들을 슈퍼 파워로 물리치기 등 그것이 무엇이든 간에 최종적으로 여러분이 원하는 목표를 마음에 그려 보세요. 그리고 그 장면을 그림으로 그리거나 다른 여러 가지 방법으로 표현해 보세요. 집단에서 여러분의 생각을 나눠 보세요.

과제 10b: 두려움을 직면하는 방법

이번 주 동안 여러분은 포스터를 디자인하거나, 작은 공연, 댄스 또는 팝송을 준비해서 여러분이 어떻게 두려움에 직면했는지 설명해 보세요. 제한 시간은 3분이며 다음 회기에 준비한 내용을 발표하게 됩니다. 다음에 나열된 대처 방법들을 가능한 한 많이 포함시키도록 노력해 보세요.

- 작은 단계들로 나누어 최종 목표로 다가간다.
- 두려움에 대처하는 자신의 모습을 상상한다.
- 두려움에 잘 대처하는 다른 사람이 두려움에 어떻게 다가갈지 생각한다.
- 파란 신호 생각을 한다.

평 가

목표

- 프로그램을 평가한다.
- 지금까지 무엇을 배웠는지 알아본다.
- 프로그램이 감정에 대처하는 데 도움을 주었는지 생각해 본다.
- 다음 참가자들을 위해 집단을 향상시킬 수 있는 방법을 찾아본다.
- 프로그램을 성공적으로 마친 것에 대해 서로 축하해 주고 수료증을 받는다.

준비물

의자, 연필

주제 및 회기 진행을 위한 팁

* 표시가 되어 있는 활동은 반드시 진행한다. 그 외의 활동은 집단의 진행 상황에 따라 자유롭게 선택할 수 있다. 때로 시간이 충분하지 않을 수도 있으나 집단원의 적극적인 참여를 위해 프로그램에서 '흥미'를 잃지 않도록 하는 것이 중요하다.

Short Session

활동	설명
* 피드백	집단원과 인사를 한 다음 이번 회기의 주제를 나눈다. 한 주 동안 지낸 이야기들을 나눈다.
* 숙제 10a, 10b 복습	집단원은 완성한 과제에 대해 이야기를 나눈다. 집단원에게 과제를 보여 주거나 발표하는 시간을 갖는다.
* 게임	집단원에게 이 프로그램에서 했던 게임들 중 한두 개를 선택하게 한다.
* 자신에 대해 재평가하기	스스로를 되돌아보고 재평가해 볼 것을 권장한다. 그것을 1회기에 작성했던 평가서의 결과와 비교한다(57쪽 참조). 만약 변화가 있었다면 그것에 대한 집단원의 의견을 들어본다. 프로그램을 통해 어떻게 스스로 변화할 수 있었는지에 관해 대화를 나눈다.
* 쿨-커넥션 프로그램 평가	집단원이 프로그램 평가에 참여한다. 첫 일곱 문항은 프로그램의 기본적인 목적과 목표를 반영한 것이다. 추가하고 싶은 내용이 있을 시에는 추가로 적게 한다.

Long Session

프로그램 수료를 기념하여 케이크, 과자, 음료수 등을 준비해서 작은 파티를 열거나, 프로그램 수료증을 직접 만들어서 집단원에게 주는 것도 좋다.

Notes

간혹 일부 집단원의 재평가 결과를 보면 그들의 두려움 또는 걱정 수준이 오히려 증가한 것처럼 보일 수 있다. 그러나 이것은 단순 측정에 불과하기 때문에 개인적인 요소나 주변 상황이 집단원의 기분에 영향을 끼쳤을 수도 있다. 예를 들어, 집단원이 프로그램 시행 중에 안 좋은 일이나 트라우마를 경험하게 되었을 수도 있다. 어떤 집단원은 프로그램을 통해 자신의 감정에 대해 많은 것을 배웠으며, 프로그램 종료 후에 감정을 전보다 더 정확히 판단할 수 있게 되었다고 말한다.

자신에 대해 재평가하기

현재 여러분의 삶을 가장 잘 나타내는 숫자에 X 표시를 한 다음, 이에 대해 학교 안과 밖에서 어떻게 대처하는지 적어 보세요.

| 1 | 2 | 3 | 4 | 5 | 6 | 7 | 8 | 9 | 10 |

매우 속상함   행복함

프로그램 초기에 여러분을 가장 힘들게 했던 것 세 가지를 적어 보세요(57쪽 참조). 현재 여러분의 감정을 가장 잘 나타내는 숫자에 X 표시를 해 보세요.

예: .... 나는 친구가 많이 없다. ....

1 2 3 4 5 6 7 8 X 9 10

매우 속상함   행복함

1. ....

1 2 3 4 5 6 7 8 9 10

매우 속상함   행복함

2. ....

1 2 3 4 5 6 7 8 9 10

매우 속상함   행복함

3. ....

1 2 3 4 5 6 7 8 9 10

매우 속상함   행복함

쿨-커넥션 프로그램 평가

각 문항에 대해 가장 알맞은 답에 체크하세요.

집단 활동은 재미있었나요?

전혀	조금	많이	매우

집단 활동이 다른 친구들과 더 잘 지내는 데 도움이 되었나요?

전혀	조금	많이	매우

집단 활동이 자신감을 향상시키는 데 도움이 되었나요?

전혀	조금	많이	매우

집단 활동을 통해 새로운 경험을 할 수 있었나요?

전혀	조금	많이	매우

집단 활동을 통해 자신에 대해 더 긍정적으로 생각할 수 있게 되었나요?

전혀	조금	많이	매우

집단 활동이 여러분의 걱정에 대처하는 데 도움이 되었나요?

전혀	조금	많이	매우

다른 학생들에게 이 프로그램에 대해 어떻게 이야기할 수 있을까요?

시간을 낭비했다	나쁘지 않았다	좋았다	정말 좋았다

집단 활동에 대해 추가적으로 하고 싶은 말

저자 소개

로리 세일러(Laurie Seiler)

로리 세일러는 1997년 브루넬 대학교(Brunel University)의 정신과 간호사 자격을 취득했으며, 이후 전문 치료 과정(specialist practice, BSc), 아동·청소년 정신건강학(child and adolescent mental health studies, BA) 및 인지행동치료(CBT) 석사 과정을 거쳤다. 현재 공인 인지행동치료사로 등록되어 있으며, 영국 인지행동치료학회(British Association for Behavioural and Cognitive Psychotherapies)의 회원으로 활동하고 있다.

역자 소개

김정민(Kim Jung Min)

미국 University of California, Berkeley, 아동발달심리(Ph.D.)
현 명지대학교 아동학과 교수
　　미국 Academy of Cognitive Therapy(ACT) Certified Affiliate
　　한국인지행동치료학회 인지행동치료전문가
　　한국아동학회 아동상담지도감독전문가
　　한국상담학회 아동청소년 수련감독전문상담사

아동과 청소년을 위한 인지행동치료
-자아존중감 및 자아탄력성 향상 프로젝트-
Cool Connections with Cognitive Behavioural Therapy

2016년 6월 30일 1판 1쇄 발행
2022년 10월 25일 1판 3쇄 발행

지은이 • Laurie Seiler
옮긴이 • 김 정 민
펴낸이 • 김 진 환
펴낸곳 • ㈜ 학지사

04031 서울특별시 마포구 양화로 15길 20 마인드월드빌딩 5층
대표전화 • 02) 330-5114   팩스 • 02) 324-2345
등록번호 • 제313-2006-000265호
홈페이지 • http://www.hakjisa.co.kr
페이스북 • https://www.facebook.com/hakjisabook

ISBN 978-89-997-0938-8 93180

정가 15,000원

출판미디어기업 **학지사**

간호보건의학출판 **학지사메디컬** www.hakjisamd.co.kr
심리검사연구소 **인싸이트** www.inpsyt.co.kr
학술논문서비스 **뉴논문** www.newnonmun.com
원격교육연수원 **카운피아** www.counpia.com